Alfred Kirchhoff

Erfurt im dreizehnten Jahrhundert

Ein Geschichtsbild

Alfred Kirchhoff

Erfurt im dreizehnten Jahrhundert
Ein Geschichtsbild

ISBN/EAN: 9783741193989

Hergestellt in Europa, USA, Kanada, Australien, Japan

Cover: Foto ©ninafisch / pixelio.de

Manufactured and distributed by brebook publishing software (www.brebook.com)

Alfred Kirchhoff

Erfurt im dreizehnten Jahrhundert

Erfurt
im dreizehnten Jahrhundert.

Ein Geschichtsbild

von

Alfred Kirchhoff.

Berlin 1870.
Ernst Siegfried Mittler und Sohn.
Königliche Hofbuchhandlung.
Kochstraße 69.

Vorwort.

Gerade beim Abschluß mehrjähriger Studien über die Geschichte der Stadt Erfurt im früheren Mittelalter angelangt, wurde mir die ehrenvolle Aufforderung zu Theil, zur Jubelfeier der Gelehrtenschule Erfurts — die ihre Ahnen auf ältere Zeiten zurückführen darf als irgend eine im deutschen Vaterland — eine Festschrift abzufassen.

Ich glaube nicht fehlgegriffen zu haben, indem ich zum Gegenstand der Schrift die älteste Vorzeit meiner Vaterstadt wählte, da eben in diesen Tagen früher schon bekannte Quellenschriften in musterhafter Genauigkeit der Textkritik erschienen sind, welche vortreffliche Hülfsmittel zur Erforschung dieser noch so mangelhaft bekannten und doch so bedeutungsvollen Stadtgeschichte an die Hand geben.

Dürfte ich ebenso viel Liebe für die Sache bei allen Lesern dieser nicht zunächst an den Fachmann sich wendenden Blätter voraussetzen, als mich eine solche bei deren Ausarbeitung erfüllt hat, so dürfte ich gewiß auch auf Nachsicht für die unzweifelhaften Mängel derselben hoffen.

Berlin, im Mai 1870.

Der Verfasser.

Inhalt.

Die politische Lage 1
Das Leben in der Stadt während der zweiten Hälfte des
    Jahrhunderts.
        Auf Straßen und Plätzen 24
        Bürger und Bürgerinnen 48
        Bei den Stiftsherrn und den Mönchen von Sanct
            Peter 84
Fehdewesen des Zwischenreichs und Friedensstiftung durch
    König Rudolf 103
Zwei Prioren des Prediger=Klosters 126

Anmerkungen 139

Die politische Lage.

Kaum eine andere Stadt Innerdeutschlands darf sich eines so hohen Alters rühmen, als Thüringens Hauptstadt Erfurt. Schon in den Anfangszeiten des sechsten Jahrhunderts, als das Hermunburenreich den vereinten Waffen der Franken und Sachsen erlag und Herminefred, der letzte König, der von der Nordebene am Harz bis an den Main geherrscht, die Felsenburg an der Unstrut, das Grab seiner Tapfern, flüchtigen Fußes verließ, — schon damals soll eine Ansiedelung an der Stelle gewesen sein, wo jetzt Erfurt liegt.

Die letzte weit ausschauende Höhe am linken Ufer der Gera, ehe diese die immer weiter sich öffnende Ebene nach der Unstrut hin betritt, mußte ganz von selbst zum Burgbau einladen; und, wie die Sage meldet, war es ein Vorfahr Herminefreds, der, die Gunst solcher Lage benutzend, wie auf einen Thorpfeiler am Eingang zu dem wichtigsten Flußthal, das von Norden her in die Porphyrwildniß des Thüringer Waldes eindringt, seine „Merwigsburg" baute.

Die Erinnerung an das alte Königsgeschlecht haftete dauernd an dieser Gegend; vor der Mühlburg, die ihren Scheitel noch jetzt so kühn am südwestlichen Horizont erhebt, verehrte man das ganze Mittelalter hindurch in stiller Kapelle die heilige Radegunde, jene bildschöne Tochter des Königs Berthar, die der siegende Frankenfürst als kostbarste Beute mit von dannen geführt und in der Fremde sich zur Ehe gezwungen hatte, auf deren schuldloses Haupt der Fluch des Geschlechts seine gräßlichsten Schläge noch richtete, bis sie in den Mauern des selbst erbauten Klosters endlich den Frieden fand.¹

Deutlicher jedoch stand für alle Zeiten den Ansiedlern an der Merwigsburg die mächtige Gestalt des Bonifacius vor Augen. Ihn schaute man im Geist, wie er heldenhaft die zweifelnde Heidenschaar aus dem Wallring der Stadt hinausführte in die Wageweide, das Heiligthum Wages im dunkeln Waldesschatten zu zertrümmern, wie er die blitzende Axt muthig schwang, als der wüthende Götze in furchtbarem Sturmestosen die Blätter seiner uralten Eichen dem Mann Gottes ins Antlitz fegte, der dann doch seine Begleiter mit fortriß zur heiligen Stätte und mit klingenden Streichen des Abgottes Ohnmacht zeigte; ihn feierte man mit Recht als den Gründer einer christlichen Kirche auf jener niedrigeren Anhöhe neben der Merwigsburg, bei welcher die Gera aus dem buschigen Brühl hereinfloß in die Stadt, und eben da draußen bewahrte noch lange der Bonifacius-Quell an rebenbewachsenen Geländen das Andenken der Tage, da der unvergeßliche Mann hier gewandelt.

Durch Bonifacius schien in der That Erfurt einer hohen Bestimmung entgegengeführt zu werden: es wurde von ihm zum Bischofssitz auserkoren. In einem 742 geschriebenen Brief meldet Bonifacius dem Papst Zacharias, daß er dem für Thüringen bestimmten Bischof Erfurt — „eine schon seit Alters bestehende Stadt heidnischer Ackerbauer" — als Mittelpunkt seiner Thätigkeit anzuweisen gedenke und bittet um die päpstliche Vollmacht hierzu. Diese blieb auch nicht aus: im April des Jahres 743 erhob der Papst gleichzeitig mit Wirzburg Erfurt zum Bischofssitz. Wohl beweist schon diese Wahl die hervorragende Stellung Erfurts unter allen Schwesterstädten des Thüringer Landes bereits im Lauf des achten Jahrhunderts; wie viel höher jedoch würde das Ansehen und die Macht der Stadt gestiegen sein, wenn sie nun die wahre Metropole für die Kirche Thüringens, die Ausgangsstätte für eine noch unabsehbare Heidenmission in dem vom Christenthum bis dahin völlig unberührten Slavenland jenseits der Saale geworden wäre!

Aber es ist anders gekommen. Aus unbekannten Gründen unterblieb die wirkliche Einrichtung eines Erfurter Bisthums, und das Erzstift Mainz erhielt die Leitung der kirchlichen Angelegenheiten auch in Thüringen; statt selbstbestimmend daheim und nach Osten hin wirken zu können, wurde das Land vom Westen abhängig: die hessischen Klöster Fulda und Hersfeld überkamen weit und breit Grundbesitz und Zehnten und übten in dieser frühen Zeit allem Anschein nach auch geistlich einen noch größeren Einfluß als Mainz selbst. Fulda wurde gewissermaßen Thüringens Rom; zum Leichnam des heiligen Bonifacius nach Fulda sehen wir in höchster Gefahr die Thüringer eilen, um durch die Verdienste des Heiligen in brünstigem Gebet an seinem Altar Rettung zu erwerben.

Die kirchliche Selbstständigkeit war also nicht erreicht worden und die politische längst verloren. Thüringen war eine Provinz des Frankenreichs; wie keine andere hatte es die Schmach einer fast knechtischen Abgabe zu tragen: alljährlich mußte man fünfhundert Schweine in die Pfalz des Frankenkönigs liefern.

Im neunten Jahrhundert, wo das Karolingerreich zerfiel, schien es wohl, als sollte aus dem tapfer gehandhabten thüringischen Markgrafenthum gegen die Sorben ein thüringisches Stammes-Herzogthum hervorgehen. Indessen gerade als Markgraf Burchard das Ziel fast erreicht hatte, Herzog der Thüringer hieß und ein erstes Mal dem thüringischen Volk Gleichberechtigung verschaffte im Rath der übrigen Glieder deutscher Nation, — da erneuerten die wilden Ungarn die Schrecknisse, wie sie vordem Hunnen und Avaren über das Land gebracht hatten. Alles war verloren, als Burchard an der Spitze des thüringischen Heerbanns in der furchtbaren Schlacht des Jahres 908 gegen sie fiel. Keiner der einheimischen Grafen, die in den etwa zwanzig Gauen Thüringens schalteten, trat als Nachfolger Burchards auf; noch weniger vermochte Ludwig das Kind seinen Vorfahren Ebenbürtiges zu leisten. In dieser Drangsal schloß sich der Thüringer Stamm dem erlauchten Ludolfinger, dem greisen Otto an, der im benachbarten Sachsen so wacker das Herzogthum führte und damals auch auf dem Eichsfeld und an der oberen Unstrut zwei Grafschaften, ja als Laienabt von Hersfeld eine thüringische Machtstellung überhaupt inne hatte.² Sein Sohn Heinrich behauptete mit seinem guten Schwert das Doppel-Herzogthum Sachsen-Thüringen und wurde der erste König Deutschlands aus norddeutschem Geschlecht. Seitdem durfte dem Thüringer das Herz höher schlagen, er durfte sich durch seinen Herzog selbst über die sonst immer herrschenden Franken emporgehoben fühlen. An dem größten Ehrentag, den seit einer langen Reihe von Jahrhunderten Norddeutschland erlebte, an der ersten Besiegung der Ungarn auf dem Unstrut-Ried,³ hatten Thüringer und Sachsen brüderlichen Antheil; des König-Herzogs Ruhm ertönte bei seinen Kampfgenossen an der Gera wie an der Ems. Und doch konnte man es gewiß auch in der Glanzperiode der Ottonen nicht vergessen, daß Thüringen ein Land ohne einheimische Herzogsgewalt geblieben war.

Erfurt war ein treuer Spiegel von all diesen Verhältnissen des ganzen Landes. Seine Königsburg ging an die fränkischen Herren über; den heidnischen Namen der Merwigshöhe soll man bald in den des Petersberges verwandelt haben, da man bei der Pfalz — vielleicht an der Stelle eines früheren Heidentempels — dem Apostelfürsten eine Kirche weihte. In dieser fränkischen Pfalz sehen wir den Grafen Werner die Schenkung einer thüringischen Kirche an das Kloster Hersfeld feierlich beurkunden; in dieser Pfalz wird jener Madalgaudus verkehrt haben, dem Karl der Große die Obhut auch über den Erfurter Marktverkehr anvertraut hatte, damit nicht von hier aus Kriegsrüstung ins Wendenland verkauft werde. Von Fortschritten, die Bonifacius' Kirche am Fuß der Pfalzhöhe gemacht, ist nichts ersichtlich; dagegen würdigte Erzbischof Otgar von Mainz das Nonnenkloster, das dicht daneben auf demselben Hügel stand und das Hohe Kloster genannt wurde, der Aufnahme von Sanct Severus' wunderthätigem Gebein, indem er die eigene Kirche des kostbaren Schatzes beraubte. So zeichnen auch die Könige die Stadt vor allen übrigen thüringischen aus: lange vor Mühlhausen und Nordhausen erhielt Erfurt als Königsstadt einen Namen. Hier hielt Ludwig der Deutsche einen für die unparteiische Gerechtigkeitspflege in Deutschland wichtigen Reichstag, wie König Heinrich die nicht bedeutungslose Synode von 932. Heinrichs Streben, die Bewohner selbst des platten Landes im städtischen Mauerring sichere Zuflucht bei feindlichem Angriff finden zu lassen, wird auch für Erfurt nicht ohne Erfolg gewesen sein; hinter stärkerer Mauer wird man auch hier den Landesfeind nach der Verweigerung des Jahreszinses 933 erwartet haben. Erfurt war der Schauplatz von Heinrichs letzter Regententhätigkeit; hier versammelte er noch einmal die Fürsten des Reichs, hier bestimmten diese seinen Sohn Otto ihm zum Nachfolger.

Urkundenausstellungen lassen uns auch in der Folgezeit öfters Hofhaltung der sächsischen Könige auf ihrer Pfalz an der Gera erkennen, und noch von einem salischen Kaiser Heinrich, wahrscheinlich Heinrich III., besitzen wir einen thatsächlichen Beweis kaiserlicher Münzprägung in Erfurt. Trotzdem erscheint es zweifelhaft, ob Erfurt noch als echte Königsstadt in dasjenige Zeitalter eingetreten ist, in welchem Thüringen durch ein zwar ursprünglich fremdes, bald aber ganz heimisch werdendes Geschlecht Landgrafschaft wurde.

Vielleicht haben schon die Ottonen Besitzungen und Rechte, wie sie sich überall an eine Königspfalz anschlossen, in Erfurt an das Erzstift Mainz verliehen. Mit völliger Sicherheit wird man das freilich wohl nie behaupten können,' aber eben daß schon im späteren Mittelalter niemand zu sagen wußte, wann dem Erzbischof die Fische im Fluß und die Thiere im Wald, die wasserreiche Brühl=Aue und die einst als Heiligthum verehrte „Wawit" samt uralten Abgaben, wie dem Ehebettzins, der „Bettemund", windischer Ansiedler in drei der Stadt benachbarten Dörfern, geschenkt worden, — eben das deutet auf höheres Alter der Uebertragung. Das Münzrecht, und somit vermuthlich auch Markt und Zoll, stand bereits während des elften Jahrhunderts in Erfurt dem Erzbischof zu, der sich neben dem Sever=Münster das wohlummauerte „Krummhaus" baute, in dessen Hof ein Brühler Dorfschulze die Frohnbauern der städtischen Umgebung unter der Linde an den drei Dingtagen versammelte.

Rücksichtslos und gewaltsam tastete Erzbischof Siegfried die uralte Freiheit Thüringens vom Kirchen=Zehnten an, zu derselben Zeit, als König Heinrich IV. seine Zwingburgen im Land erbaute, vor deren übermüthigen Insassen nicht Saat noch Vieh, nicht Weib noch Tochter sicher war; und in Erfurt sehen wir 1073 beide vereint den Schlag gegen das alte Recht der Thüringer führen. Noch hatten die Thüringer auf den Widerstand der Aebte von Hersfeld und Fulda gehofft; als auch diese sich zu einer theilweisen Abgabe des Frucht= und Schweine=Zehnten, wie sie ihn auf den eigenen Gütern im Land erhoben, an das Erzstift nach hartnäckiger Weigerung verstehen mußten, sank allen der Muth: zu fulbischen Zinsbauern fühlten sich Edle und Gemeinfreie erniedrigt. Hoch flammte freilich auch hier in Thüringen die Flamme der Empörung auf, als im August desselben Jahres König Heinrich burchs Dickicht des Harzes sich vor der Volkswuth gerettet hatte; auf der alten Malstatt der Trettaburg am Unstrut=Ried empfangen die Thüringer jubelnd die Gesandtschaft der Sachsen zum gegenseitigen Verbrüderungsbund, und was ist bezeichnender, als daß den beiden Aebten von der Fulda der Tag bedeutet wird, wo sie an den Thaten der Eidgenossenschaft Theil nehmen sollen, während man von Siegfried in Erfurt Geiseln fordert, um von seiner Seite Sicherheit zu haben bei dem nun folgenden Burgenbruch. Noch hatte keiner dem Bischof den Zehnten erlegt, und als sich auf der Erfurter Synode von 1074 die erneute Zehntenforderung gar an das ins Heiligthum des Familienlebens eindringende Gebot der Ehescheidung aller beweibten Geistlichen anschloß, stürzte man mitten in den Verhandlungen zu den Waffen und Siegfried wäre auf dem Bischofsstuhl erschlagen worden, hätten nicht seine Ritter mehr mit begütigenden Worten, als durch gezückte Schwerter den tobenden Haufen gebändigt; er aber blieb unbeugsam: nach Heiligenstadt geflüchtet, rief er am Altar die Störer der heiligen Synode zur Buße.

Den Zehntenstreit vermochte Siegfried nicht zum Austrag zu bringen. Eine größere Wirkung jedoch hat sein Dasein den nachlebenden Geschlechtern als dauerndes Vermächtniß hinterlassen: er hat der thüringischen Kirche in Erfurt einen eigenen Mittelpunkt verschafft. Wohl auf ihn geht die Hebung der Marienkirche zurück, die seit Bonifacius ihre wesentliche Bedeutung nur in der Stadt selbst als einzige Pfarrkirche der ganzen Gemeinde gefunden zu haben scheint, deren noch klösterlich zusammenlebende Geistlichkeit aber jetzt mehr und mehr die Rolle eines obersten Priester-Collegiums im Thüringer Land überkam, nur daß dasselbe seine Befehle von Mainz zu erhalten pflegte. Sicherer noch ist es Siegfrieds Verdienst, durch Verwandlung des Canoniferstifts auf dem Petersberg in das Kloster Petri und Pauli die geistigen Kräfte des Landes auf heimischem Boden versammelt zu haben. Seitdem hoch über dem Nonnenkloster des Marienberges das erste Erfurter, überhaupt nahezu das erste thüringische Mönchskloster von nachhaltiger umfassender Wirksamkeit* sich erhob, war die Mündigkeitserklärung von benachbarten, zumal von den hessischen Abteien ausgesprochen. Nicht mehr hinter Hersfelds Klostermauern brauchte sich die Geschichtsschreibung Thüringens ihren Meister zu suchen, — auf der freien Felsenstirn von Sanct Peter, in des Landes eigentlichster Mitte, schrieben jetzt fleißige Mönche ihre Annalen, lehrten die heranwachsende Jugend, cultivirten weithin den Boden, den die Dankbarkeit der Bewohner nah und fern ihnen spendete.

Ganz gewiß erschien nunmehr Erfurt wie die zweite Residenz des höchsten geistlichen Fürsten in Deutschland, der von hier aus sein thüringisches Filialbisthum verwalten ließ, wie es ihm zu seinem rheinischen Erzbisthum hinzugewachsen war. Ob sich neben diesem vorherrschenden Charakter der Bischofsstadt noch irgend welche Züge der Königsstadt erhielten? Es scheint auf den ersten Blick nicht so. Steckte doch das Heer König Heinrichs selbst 1080 Erfurt in Brand; um Rache an dem Mainzer zu nehmen, der den Gegenkönig Rudolf gesalbt, schonte man nicht einmal der Kirchen, in die sich nach der Väter Sitte die Stadtbevölkerung zur Stunde der Gefahr geborgen hatte: über Servers Gebeinen brannte das uralte Gemäuer des Hohen Klosters aus und droben auf dem Berg flammte das jüngst gegründete Peterskloster. Mochte immerhin die Einlieferung jeder zehnten Garbe von der Gebindländerei vor der Stadt, von den 190 Aeckern der Hochheimer Flur in die Kornspeicher der Stiftskirche Mariä die Herkunft dieses mainzischen Grundbesitzes aus Königs-Hand beweisen,[*] längst war das volles Eigenthum des Erzstiftes und bildete mit anderen Gütern, Einkünften und Rechten einen so bedeutenden Schatz, daß sich der Erzbischof aus seinen vornehmsten Dienstmannen die Herren von Apolda zu Vizthumen, d. h. Statthaltern in „seiner Stadt" Erfurt erwählte. Für seinen gnädigen Herrn in Mainz bestellte der jedesmalige Vizthum den Münzmeister wie den Marktmeister in der Stadt, den Schultheißen im Brühl, wachte über deren pflichttreue Amtsführung, über die Bewirthschaftung der Felder und Weingärten, über pünktlichen Zinsabtrag in Geld und

Naturalien, bis herab auf den Bratspieß, den der Besitzer der „Brat=Hufe" bei den Dreien Brunnen in des Erzbischofs Küche liefern mußte. Bei alle dem ist der Vizthum von Apolda nie etwas anderes als Stiftsvogt gewesen; zur Stelle des Stadt= vogts hat er sich nie emporgeschwungen.

Eben diese Thatsache macht die Kluft aus, welche den Erz= bischof von Mainz, dessen Rechtsträger ja der Vizthum nur war, von der eigentlichen Herrschaft über Erfurt damals noch trennte. Mit der Stadtvogtei in der Landeshauptstadt belehnt tritt uns vielmehr, soweit unsere Ueberlieferung in die Vergangenheit zu= rückführt, das reichbegüterte Geschlecht der Grafen von Gleichen entgegen, dieser „Grafen von Thüringen", wie die heimischen An= nalisten auszeichnend sie nennen. Sie allein hegen in Erfurt das Blutgericht und bestellen den Henker wie den Untervogt, der an ihrer Statt den Gerichtsstab hält bei Klagen auf Hals und Hand; sie beziehen das Grafendrittel der Bußgelder, die „vom Gerichts= stab gefallen", ihnen wird also auch wohl die Einsetzung des Stadt= Schultheißen obgelegen haben. Der Landgraf von Thüringen aber war es, von dem die Gleicher neben manchem anderen Be= sitzthum die Vogtei über Erfurt bis 1234 zu Lehn trugen.

Das wichtigste Hoheitsrecht, das der Gerichtshegung, war also allem Anschein nach nicht mit den übrigen Regalien an den Bischof gekommen, sondern weltlicher Hand vorbehalten worden. Und je natürlicher das Streben von Mainz auf allmähliche Aus= dehnung seiner Macht in Erfurt auch in die Sphäre der Gerichts= pflege hinein gerichtet sein mußte, desto verwickelter wurde die po= litische Lage der Stadt in ihrer Doppelstellung zu Landgraf und Erzbischof, zumal die Grafen=Vögte von Gleichen, auch mit dem Erzstift in Lehnsverband stehend, eine keineswegs unerschütterte Treue gegen die Landesfürsten auf der Wartburg an den Tag legten, sondern zu wiederholten Malen ihre Waffen gegen sie er= hoben, bis sie zuletzt aller ihrer landgräflichen Lehen verlustig er=

klärt wurden und das Erfurter Vogteilehen von der Gnade des Mainzers annehmen mußten, der die Oberlehnsherrlichkeit bei dieser Gelegenheit vom Landgrafen gegen ein Geringes eintauschte.

Während das Wanderleben des deutschen Kaiserhofs ab und zu Erfurt zum Schauplatz wichtiger Berathungen und Entscheidungen allgemeinerer Art werden ließ — Heinrich der Löwe beugte hier 1181 seinen Trotz vor Friedrich Barbarossa —, erschien die Stadt durch das ganze zwölfte Jahrhundert in ihrem provinciellen Dasein bestimmt durch den Widerstreit jener Parteien. Nur aus dem Jahr 1141 entrollt sich uns flüchtig das Bild eines Kampfes in den Straßen der Stadt selbst: es ist ein blutiger Zusammenstoß zwischen den Bürgern und den Rittern des Erzbischofs Adelbert von Mainz, der wenige Wochen vorher in Erfurt verschieden. Im übrigen sind es die gewöhnlichen Leiden und Thaten einer Bürgerschaft in unruhvoller Fehdezeit, die sich unserem Blick darbieten: der Landgraf zerstört die Erfurter Stadtmauer im Krieg gegen den Erzbischof, dieser stellt sie mit Hülfe der Bürger wieder her; 1177 widersetzen sich die letzteren ihrem Herrn, dem Landgrafen Ludwig, mit Rath und Unterstützung der Grafen Erwin und Heinrich von Gleichen, und, obgleich Ludwig für den kühnsten und kriegerischsten Mann seiner Zeit galt, fallen sie plündernd und raubend, sengend und brennend in seine Besitzungen um Erfurt. Unsere Quellen verschweigen die Anlässe solcher Fehden und sie gehören wohl auch kaum in das Gebiet der politischen Geschichte.

Ein erstes Mal tritt uns die eigene Politik der Stadt in derjenigen Zeit entgegen, wo sich der welthistorische Streit zwischen Kaiserthum und Papstthum zur tragischen Schlußkatastrophe anschickte. Der große Hohenstaufe Heinrich VI. war im fernen Süden mitten im kühnsten Schaffen in ein frühes Grab gesunken; mit ihm der hohe Gedanke eines erblichen Kaiserthums. Eine zwiespältige Kaiserwahl hatte die Fürsten Deutschlands in unseli-

gen Bruderkrieg hineingerissen: die einen ins Lager von Hein=
richs Bruder, Philipp von Schwaben, die andern in das des
welfischen Otto. Keiner Stadt mochte es leicht werden, sich zu
entscheiden, sei es für den Sohn des herrlichen Barbarossa, sei es
für den Welfen, dem der mächtigste aller Päpste, Innocenz III.,
kraft göttlicher Bestimmung den Treueid zu leisten forderte; —
keiner Stadt jedoch konnte die Wahl schwerer fallen, als der Stadt
Erfurt. Mit dem Streit um die Kaiserkrone verflocht sich nämlich
der Streit um den Erzstuhl Mainz: der päpstliche Legat, der in
Deutschland als wie in einer päpstlichen Provinz schaltete, hatte
Siegfried II. auf denselben gesetzt, die Partei Philipps Luitpold
von Worms dagegen erhoben. Der aber, der dem thüringischen
Land mit klarem, festen Entschluß die Stellung im Kampf hätte
weisen und behaupten sollen, der Landgraf Hermann, der Sänger=
freund, that es allen Fürsten zuvor in ewig schwankender Politik,
die da an Geld und Eigengut, an Erwerbung der letzten reichs=
freien Orte des Landes für das Landgrafengebiet dachte, wo die
höchsten Güter der Nation auf dem Spiel standen; eben noch hat
ihn Philipp gewonnen durch Belehnungen mit Orten in Thürin=
gens Osten, Norden und Westen, Hermann hat auch das Klag=
schreiben der Fürsten über die beispiellose Anmaßung des päpst=
lichen Legaten mit unterschrieben, — da wirbt er wieder aufs
eifrigste unter den Anhängern Luitpolds für den Erzbischof Sieg=
fried, bis er endlich ganz offen abermals hinübertritt ins Lager
der Welfen. Der mainzischen Stadtherrn hatte man also zwei,
und der Landgraf vereinigte in ganz unberechenbarer Weise gleich=
sam zwei Personen in der seinigen. So drängten die Verhältnisse
zum allein rettenden Selbstentschluß, und die erste Entscheidung,
die Erfurt in dem Widerstreit staatlich=kirchlicher Gewalten da=
mals getroffen hat, fiel — ghibellinisch aus.

Graf Lambert von Gleichen, als Stadtvogt gewiß nicht ohne
militärische Befugniß in der Bewachung von Mauer und Thoren,

war im Einvernehmen mit Luitpold; und dieser verstand sich selbst gut aufs Waffenhandwerk, trug vielleicht das Schwert lieber als den Krummstab, ja er führte überhaupt ein Leben, das ihn bei seinen Gegnern in den Ruf eines völligen Wüstlings gebracht hatte.[7] Er war wohl nicht der Mann danach, daß die Erfurter ihm, dem Verfechter der staufischen zugleich und der eigenen Sache, hätten entgegenjubeln können, als er nun in Thüringen erschien, um der Propaganda des Landgrafen für seinen Nebenbuhler mit den Waffen in der Hand Einhalt zu gebieten. In einer stürmischen Märznacht des Jahres 1203 — eine zufällig ausgebrochene Feuersbrunst unterstützte sein Unternehmen — warf er sich mit den Seinigen in die von Graf Lambert ihm geöffnete Stadt, in der er alsbald Bürgerschaft und Clerus vor sich entbot, um das Nöthige an Heerwagen und Waffen von ihnen zu erhalten. Erfurt gestaltete sich wie zu einem Kriegslager für die ghibellinische Partei; und nicht nur die Tüchtigkeit der steinernen Stadtmauer, auch die Treue der für den staufischen Kaiser schlagenden Herzen der Bürger liest man in der Geschichte dieser Jahre. Der Dichterruf „Philippen setz' den Waisen auf!" fand hier lebendigen Nachhall, man mochte wie Walther und sein Klausner von dem Bannstrahl denken, den der ungestüme Innocenz gegen Philipp und seine Anhängerschaft geschleudert:

„der bâbest ist ze junc!" —

und mit Walther von den Pfaffen singen: „Sie bannten die sie wollten und gar nicht den sie sollten."

Man darf sagen, daß es zu der Zeit zwei städtische Rüstplätze und Hauptstützpunkte für die gegen einander kämpfenden Parteien gab: Köln für die welfisch-papistische, Erfurt für die ghibellinische. Nachdem gegen Ende Mai Philipp selbst mit seinem Ritterheer und seinen Pfeilschützen über die Berge gekommen, vereinigte sich die Wehrkraft der Erfurter Bürger mit den Süddeutschen zu einer schonungslosen Verwüstung des Landes, soweit es dem Landgrafen ober seinen Parteigängern gehörte. Hermann konnte nur von fremder Hülfe Rettung erwarten. Diese erschien zuerst und am entsetzlichsten von Seiten seines ehebrecherischen Vetters, des Königs Ottokar von Böhmen: auf 40,000 wurde die Zahl der von ihm Gesendeten geschätzt, und die Gräßlichsten unter ihnen waren die von Ottokars nunmehrigem Schwager, Emmerich von Ungarn, auf päpstliche Weisung dem bedrängten Landgrafen zu Hülfe geschickten magyarischen und tatarischen Haufen. Sie wurden fast ebenso sehr für die Besitzungen Hermanns als für die des Kaisers, des Mainzers und der Erfurter zur unsäglichsten Plage; alle jedoch übertrafen an Grausamkeit jene Kumanen türkischer Abkunft aus der südrussischen Steppe, die schrecklichen „Balwen", wie die Deutschen das slavische Wort „Plawler" (Bewohner der Flächen) aussprachen. Die Tage eines Attila schienen wieder hereinzubrechen, als diese halb heidnischen Banden Thüringen für den Papst gewinnen sollten. Nur hinter Erfurts Thoren war Schutz, das ganze Umland verfiel unbarmherzigster Verheerung: so viel als Tage im Jahr, so viele thüringische Kirchen sollen damals zerstört worden sein; die Nonnen wurden theils in ihren Klöstern von der thierischen Lust der Barbaren zu Tod gepeinigt, theils an den Roßschweif gebunden mit frechem Hohn fortgeführt; zu jeder Unthat bereit sah man die wilden Reiter durchs Land jagen — etwa auf einer geraubten Altardecke als Schabracke und angethan mit einer Dalmatica als Rock, einer Casel als Mantel — flammende Dörfer, zerstampfte Saaten als ihre Spuren zurücklassend.

In Wolframs von Eschenbach unsterblichem Gedicht klingt noch jetzt der Hufschlag von „manches Rosses Fuß" wieder, wie er damals die Erfurter Weingärten vernichtend traf, als der Feind sich zuletzt um die festeste Burg des Landes zusammenzog. Auf seines Bruders, des rheinischen Pfalzgrafen, bringende Mahnung war Otto selbst in Begleitung des päpstlichen Legaten von

der Harzburg herein gezogen mit seinen rheinischen und westfälli=
schen Rittern, jedoch trotz dreißigtägiger Belagerung konnte man
das muthig vertheidigte Erfurt nicht zwingen. Als es vollends
dem König Philipp gelungen war, bei nächtlicher Weile aus Er=
furt zu entkommen, um im Osterland neue Truppen zum Entsatz
der Stadt zu sammeln, begnügten sich die Belagerer mit einer
erneuten Verwüstung der Umgegend und zogen ruhmlos von
dannen.

„Hie Welf, hie Weibling!" tönte es aber auch im nächsten
Jahr. Erfurts Treue wankte nicht, mochte Ritter= und Türkentroß
auch keinen Tropfen des geliebten Landweins im letzten Herbst
verstattet haben; und dazu stand jetzt neben dem Grafen von
Gleichen und den Grafen von Schwarzburg ein beträchtlicher
Theil des thüringischen Adels überhaupt auf Philipps Seite, als
dieser 1204 von Norden her gegen Landgraf Hermann nach Thü=
ringen eindrang und der in seiner treuen Anhänglichkeit nicht
minder unerschütterliche Erzbischof Ludolf von Magdeburg Tau=
sende seiner Gewappneten unter dem Banner des heiligen Mauri=
tius zu ihm stoßen ließ. Es war gerade Erntezeit, da brachen
von Nordhausen, das seine Thore gar gern dem Staufer geöffnet,
um die Erniebrigung zur Landstadt unter Hermanns Hoheit ab=
zuschütteln, Philipps Heerhaufen unter seiner eigenen Führung
tiefer ins Land, ohne den eigentlichen Gegner zu finden. Der
welfische Otto ließ sich nach dem Abfall seines eigenen Bruders
nicht sehen, nur König Ottokar sendete als gehorsamer Diener
des Papstes seine Horden zu Tausenden wieder über die Saale;
indessen kaum in die Ilmgegend vorgedrungen, überzeugten sich
diese von der Ueberlegenheit der gegnerischen Kräfte und ergriffen
eiligst die Flucht.

Was half da die tapfere Gegenwehr der kleinen Feste Wei=
ßensee, die allen Stürmen Trotz bot! Der Tag war unvermeid=
lich geworden, an dem der rebellische Landgraf sich endgültig

fügen mußte. Dort zwischen der Erfurter Wawit und dem südlichen Grenzgebirge seiner Landgrafschaft, wo die Cistercienserinnen ihr stilles Leben im Ichtershäuser Kloster seit einiger Zeit begonnen hatten, lag am 17. September 1204 der gebemüthigte Hermann vor Philipps Füßen, mit dem er Geschwisterkind war. Philipp hat ihm die wohlverdienten Worte bitteren Vorwurfs nicht erspart, ihm dann aber auch den Friedenskuß nicht verweigert. Nachdem der Landgraf zur Versicherung seines Eidschwurs, nun unverbrüchlich zum staufischen König halten zu wollen, Geiseln — und darunter seinen Sohn — gestellt hatte, war endlich Thüringen befriedet.

Man weiß, wie unerwartet in der nächsten Folgezeit die Loose über Deutschlands Schicksal fielen: wie die Eroberung von Köln, „der römischen Kirche getreuer Tochter", Philipp den Sieg und zwei Jahre danach des Wittelsbachers schwarze That ihm den Tod brachte, wie dann Otto, in Deutschland wirklich als König anerkannt, über die Alpen zog, von Innocenz die Kaiserkrone empfing und alsbald seinen hochmächtigen Schützer durch Bruch des Krönungsschwurs sich zum heftigsten Gegner umschuf. In der Heimath hatte seine rohe Sinnesart so vielfach verletzt, daß des Papstes Sendschreiben, dem undankbaren Welfen den Gehorsam zu kündigen, fruchtbarsten Boden fand; erklärte sich doch darin Innocenz für solidarisch in seinem Interesse mit seinem Mündel, dem „verwaisten König Siciliens", dem hoffnungsreichen Enkel Barbarossas.

Erzbischof Siegfried, der nicht nach welfischer oder ghibellinischer Parteifarbe, sondern nach des Papstes Zu= oder Abneigung seine Politik zu richten pflegte, verkündigte als der Erste die Excommunicirung, die Innocenz über Kaiser Otto ausgesprochen, und keinen sah er neben sich für die Erhebung des jungen Friedrich emsiger thätig, als den Landgrafen Hermann; in dessen Land suchte er Schutz, als die Feinde in sein Erzstift einfielen. Aber eben auf Thüringen warf sich der energische Verfechter von Ottos Sache, der Truchseß Guncelin von Wolfenbüttel, und Thüringens Barone verloren an sein Geld ihre Ehre. Schlimme Noth kam so von neuem über das platte Land: während der Landgraf sich hinter Wall und Mauer barg, brannten die Hütten der ausge plünderten Landleute. Erfurt scheint seine Thore wieder gut ver= schlossen gehalten zu haben, denn uur von Mühlhausen und Nord= hausen verlautet eine Occupation durch Guncelins Mannen. Erst im folgenden Jahr (1212) bekamen die Erfurter in ihren eigenen Mauern den gebannten Kaiser zu sehen, jedoch nur im unaufhalt= baren Niedergang seines Glückes. Aus Italien hergeeilt, hatte er mit einer am Rhein gesammelten Heeresschaar sich sofort gegen Thüringen gewendet, mit seiner kolossalen Belagerungsmaschine, dem sogenannten Tribock, zwar Langensalza dem Landgrafen ab= gewonnen, aber Weißensee nicht bezwingen können. Als er gegen Ende August auf dem Rückzug von Weißensee Erfurt berührte, konnte man wohl den Schmerz über seine hülflose Lage in seinen Zügen lesen; der Tod der Beatrix, der blühenden Tochter seines einstigen Gegners Philipp, am vierten Tag nach der in Nordhau= sen gefeierten Hochzeit hatte auch sein Kriegsglück mit ins Wan= ken gebracht: die Baiern und Schwaben verließen auf die Nach= richt vom Tod „ihrer Herrin, der Kaiserin" heimlich das Lager, und die andern zeigten gleichfalls wenig Lust, vom hohen Tribock Felsstücke gegen die Landgräflichen ferner zu schleudern, da ihr Kriegsherr nicht einmal ihrem Mangel an Waffen und Kleidung Abhülfe schaffte.

Otto zog nach wenigen Tagen mit seiner gänzlich herab= gekommenen Mannschaft von Erfurt, wo er den Oheim einst ver= geblich belagert, nach dem Main und schnell weiter gen Süden, nun sich mit dem Neffen zu messen. Schon aber war der siebzehn= jährige Staufer auf dem Weg über die Alpen ins Land seiner Väter, das er noch nie gesehen und dessen Bewohner ihn doch mit froher Zuversicht auf eine neue, bessere Zeit willkommen hießen. In Frankfurt wählten ihn die deutschen Fürsten nochmals in aller Form zum König; Erzbischof Siegfried war es, der dem Sprößling aus dem Geschlecht der „Kirchenverfolger" die Krone reichte.

Landgraf Hermann, den Friedrich hier in Frankfurt mit Auszeichnung als seinen Getreuen begrüßt hatte, wurde durch ein gnädiges Geschick davor bewahrt, sein politisch so unstätes Leben mit argem Verrath zu schließen: er starb, als er gerade im Begriff war, sich wieder mit klingender Münze von dem verlassenen Welfen für seine hoffnungslose Sache gewinnen zu lassen.

Hermanns Sohn und Nachfolger, Ludwig der Fromme, war ein Mann von ganz anderer Art, der bis zu seinem Ende in Apuliens Fieberluft dem Kaiser Friedrich nahe stand. An Feindseligkeiten zwischen ihm und Erfurt hat es nicht gefehlt, aber wie sehr die Bürger der Stadt nicht nur an seiner allverehrten Gemahlin, der nachmals heilig gesprochenen Elisabeth von Ungarn, sondern auch an dem ritterlichen Landesherrn selbst hingen, bewies die herzliche Einladung, die sie an ihn richteten, als er von der Krönung der jungen Königin Margarethe in Aachen zurückkehrte. Ludwig folgte der Einladung, und ein ebenso glänzender als fröhlicher Empfang wurde ihm zu Theil. Indessen, das landesherrliche Verhältniß der Grafen zu Erfurt, die Oberlehnsherrlichkeit über die Stadtvogtei, ging, wie wir sahen, bald an Mainz über; der Landgraf war seitdem nur noch der Vornehmste der Fürsten und Herren, die in der Nachbarschaft angesessen waren, und Erfurt wurde Bischofsstadt.

Fernab von Thüringen in welschen Landen rangen miteinander Kaiser und Papst; der übel berathene, noch jugendlich unerfahrene Heinrich ersparte schon jetzt den Deutschen nicht das Gefühl der „kaiserlosen, der schrecklichen Zeit". Für Erfurt kündigte sie wie ein himmlisches Flammenzeichen beginnender Zerstörung jener merkwürdige Blitzstrahl an, der am 31. Mai 1231 die Burgen der „drei Gleichen" in ein und demselben Augenblick in Brand steckte. Ehe es Herbst wurde, verloren die Erfurter ihre zahlreichen Heerden an Groß- und Kleinvieh: ein Graf von Wiehe[8] trieb sie ihnen als fette Beute weg. Vollends als Heinrich Raspe, der letzte Landgraf aus dem Geschlecht Ludwigs des Bärtigen, ohne Söhne zu hinterlassen gestorben war, und nun sein Vetter, Markgraf Heinrich der Erlauchte von Meißen, den thüringischen Erbfolgekrieg gegen die Ansprüche Sophiens und ihres „Kindes von Brabant" erhob, galt überall Gewalt vor Recht.

Die Adelsgeschlechter Thüringens ergriffen entgegengesetzte Parteien, und die Dienstmannen scheuten sich nicht, gegen ihre Herren die Waffen zu führen. Der Schenk von Vargula entwand bei Mühlhausen im Februar 1248 dem Grafen Heinrich von Gleichen den fast schon errungenen Sieg mit Hülfe markgräflicher Hülfstruppen; vier Grafen und zwanzig Ritter blieben als Gefangene in seiner Hand. Im nächsten Sommer wechselte der Markgraf selbst mit den Erfurtern Geschosse, und im September 1249 versuchten die Bürger in einem unglücklichen Ausfall auf die vor die Stadt gerückten Anhänger des bereits obsiegenden Prätendenten vergebens der Feinde sich zu erwehren. Natürlich benutzten habsüchtige Frevler den politischen Gegensatz und machten auf gut Glück ihr Faustrecht geltend, wie jene Ritter, die von der Burg Hermannstein über einen friedlichen Gutshof der Georgenthaler Mönche herfielen, allen Hausrath samt dem Vieh raubten und an die achtzehn Bewohner des Gehöfts, Geistliche wie Knechte, schwerverwundet zurückließen. Es war ein düstres Bild des friedlosen Zustandes von Thüringen, als das blutbefleckte Gewand eines dieser Geistlichen, der an seinen Wunden gestorben, zur Schaustellung der neuen Frevelthat an hoher Stange durch die Straßen von Erfurt getragen wurde und der ganze Clerus der Stadt in feierlichem Trauerzug dem folgte.

Selbständig vermochte Erfurt nicht einzugreifen in den Streit um die Landgrafenwürde über Thüringen. Es ist offenbar die Stellung des Erzstiftes Mainz, die ihm die eigene Stellung weist. Die mainzischen Lehen, welche die früheren Landgrafen inne gehabt, erklärte der Erzbischof für heimgefallen und weigerte sie lange Jahre dem Meißner zu übertragen: hierauf wird sich jener Angriff gegen Erfurt, erst Heinrichs selbst, dann seiner Parteigänger, beziehen, wie denn Graf Heinrich von Gleichen nicht zum wenigsten durch sein Erfurter Vogteilehen zum Widersacher des Markgrafen geworden sein mag.⁹ Auch nach der ersten Abhaltung des thüringischen Landdings an der alten Gerichtsstätte zu Mittelhausen nördlich von Erfurt am 28. Februar 1250, seit welcher Zeit Heinrich der Erlauchte als rechtmäßiger Landesherr mehr und mehr anerkannt wurde, setzte das Erzstift seinen Widerstand noch über vier Jahre fort; erst im Juli 1254 verstand es sich zur Belehnung.

Als unter so langwierigen Kämpfen das Thüringer Land in eine neue Periode seiner Geschichte übertrat, um von nun an einem Fürstenhaus anzugehören, das seine Macht von dem Wettiner Stammschloß aus in den östlichen Marken zwischen Saale und Elbe gegründet hatte, stand auch Erfurt an einem entscheidenden Wendepunkt seines Daseins. Nicht als ob der Erbfolgekrieg und die ihm vorausgegangenen Wirren von außen her einen solchen herbeigeführt hätten; die Leitung der inneren Angelegenheiten näherte vielmehr die Stadt einem tief greifenden Umschwung.

Der ältere Siegfried aus dem Geschlecht der Eppsteiner, der sein Pallium durch alle Parteikämpfe hindurch gerettet, der einst im Aachener Dom Friedrich II. auf den Thron Karls des Großen geführt hatte, war 1230 in Erfurt gestorben und im Mariendom feierlich bestattet worden. Sein Neffe, der dritte Siegfried auf dem Erzstuhl Mainz, folgte ihm zwar mit derselben Unterwürfigkeit unter den Willen des Papstes, aber mit einem so rücksichtslosen, gewaltthätigen Charakter, daß sein eigener Nachfolger, ein

Mann von nichts weniger als leidenschaftlicher Sinnesart, von ihm sagte: seit dem dritten Jahr seines Pontificats sei er allmählich geworden wie ein Löwe, habe „angefangen Waisen und Wittwen zu machen, Dörfer zu verbrennen, Städte zu zerstören, Menschen zu vertilgen, das Land zur Wüste zu machen und — beim Papst wunderbar beliebt zu werden."

Freilich fand er eine große Schuldenlast vor, in welche sein Oheim das Erzstift Rom gegenübergebracht hatte, aber da er als rastloser Verfechter der römischen Pläne seinem Land die wildesten Kriegsstürme heraufbeschwor, waren auch seine eigenen Bedürfnisse schwer zu befriedigen. Anfangs suchte er auf gesetzlichem Weg die Sache zu regeln, indem er im Einvernehmen mit seinem Capitel allen geistlichen Personen in seiner gesamten Diöcese die einmalige Abgabe des Zwanzigsten ihrer Einkünfte auferlegte mit dem Versprechen, nie wieder in seinen Lebenstagen irgend eine Forderung dem Clerus zuzumuthen; ja das Capitel seiner Stiftskirche verpflichtete sich eiblich, in Zukunft keinen zum Erzbischof zu erwählen, der nicht seinerseits in diese Zusicherung einwillige. Bald jedoch erwiesen sich all diese Verheißungen hinfällig; die Mainzer Stiftsherrn erfanden eine neue Art von Schuldendeckung: sie promulgirten den Verkauf je einer Präbende in jeder Conventualkirche des ganzen Erzstiftes; Siegfried selbst erpreßte mit päpstlicher Vollmacht noch einmal den fünften Theil der Kircheneinkünfte, und 1248 erreichte er es sogar vom Papst, daß ihm die Renten aller während der nächsten fünf Jahre ledig werdenden Prälaturen und Präbenden mainzischen Ressorts zwei Jahre hindurch überlassen würden. Oefters leitete er persönlich, wie nach jenem Beschluß des Präbendenverkaufs von 1235, dann wieder 1239 den Transport des auf Thüringen gefallenen Antheils der Schatzung nach dem Rhein. Hauptsächlich in Getreide scheinen die Erhebungen bestanden zu haben; Erfurt war in nicht sehr würdiger Weise auch bei diesen Geschäften des Erzbischofs zweite Residenz: hierher kamen die Wagen mit den Präbendenerträgen aus allen Theilen des Landes zusammen, von hier aus brachten größere Fuhrwerke die Lasten nach Mainz. Die Klöster mußten bei dem Getreide-Transport des Jahres 1239 aus Thüringen nach Mainz die Fuhren leisten, ja 1240 mußte jede Kirche Erfurts dem Schatz des heiligen Martinus eine ihrer Glocken oder den Geldwerth derselben überliefern.

Von den Bürgern der Stadt erhielt Siegfried unter anderen Titeln schwere Summen Geldes. Es war überhaupt die Art, der Stadt den erzbischöflichen Zorn empfindlich fühlbar zu machen, daß ihr der Gottesdienst niedergelegt wurde, im äußersten Fall wohl auch die gesamte Geistlichkeit aus den Thoren ausziehen mußte, keine Trauung oder Taufe unter Gottes Segen nun ferner geschehen, kein Todter die wahre Ruhe unter dem Priesterspruch mehr finden konnte; — es war das ebenso gewöhnliche Mittel, die Stadt wieder in den Besitz der heiligen Bräuche zu bringen, an denen ihre Bewohner mit Aufrichtigkeit hingen, daß man den Erzbischof durch Geld versöhnte. Weshalb den Erfurtern das lange, zuletzt wirklich mit Ausbieten aller Welt- und Klostergeistlichen verschärfte Interdict von 1242—1244 auferlegt wurde, ist uns nicht im einzelnen bekannt; ähnlich fernem Wetterleuchten zeigen sich uns nur die Blitzstrahlen des über Erfurt in jenen Tagen hingezogenen schweren Unwetters; gewiß ist blos, daß die damals von Deutschlands Bürgergemeinden, selbst die mächtige Kölner nicht ausgenommen, dem aufs ärgste bedrängten Kaiser fast durchweg bewiesene Treue die ganze Sympathie der Erfurter wach rief, und daß der Verschärfung des Interdicts die merkwürdige Laien- und Priester-Versammlung am Sonntag den 13. März 1244 in Weimar folgte, auf welcher der Erzbischof — ein Vorspiel dessen, was unlange darnach an den Ufern der Rhone geschah — den Hohenstaufen von neuem excommunicirte und mit ihm zugleich die Erfurter.[10] — Um so besser sind wir über den Gegenstand des Streites unterrichtet, der zu dem frühe ren Interdict von 1234 führte. Es handelte sich um nichts Geringeres, als um die völlige Unterthänigkeit Erfurts unter Mainz in der Heeresfolge: Siegfried hatte das Jahr vorher, als er mit dem König Heinrich einen Kriegszug unternahm, Wagen und Mannschaft von „seiner Stadt" gefordert; die Erfurter waren durch Weigerung dessen arg in Ungnade gefallen und ihre Bemühungen, den Erzbischof zu begütigen, blieben ohne Erfolg. Der erzürnte Siegfried brachte vielmehr die Streitsache vor den Kaiser. Man kennt Friedrichs II. Abneigung gegen das Emporstreben städtischer Selbstherrlichkeit, seine Fürsorge für die Erhaltung der bischöflichen Herrschaftsrechte in den Städten. Der Kaiser entbot Gesandte der Erfurter Bürgerschaft vor sich nach Frankfurt, und es gibt wohl kein untrüglicheres Zeichen von der mangelhaften Berechtigung des erzstiftischen Anspruchs als die Thatsache, daß er vom Kaiserthron herab nicht bestätigt wurde, sondern daß Friedrich eine „Verständigungsformel" vorschrieb; die Gesandten sollten diese schriftlich ihren Mitbürgern überbringen und im Fall der Nichtannahme innerhalb bestimmter Frist sich wieder stellen. Als freilich weder die Annahme der Formel noch die Rückkehr der Boten erfolgte, schleuderte Siegfried den Bann und sprach der Staufer die Acht über Erfurt. Die Bürger wollten lieber zahlen als sich und den Nachkommen das Recht schmälern. Die Stadtgeistlichkeit selbst und der Landgraf vermittelten, und nach einander verziehen wieder Bischofs= und Königsgewalt, „denn," sagte König Heinrich bei Aufhebung der Acht, „das geistliche und das weltliche Schwert müssen stets wechselseitig sich unterstützen." [11]

Wohl nicht aus Zufall geschah die Einwilligung Siegfrieds zu dem Sühneact von 1234 genau fünf Tage nach Abtretung der Erfurter Vogtei seitens des Landgrafen von Thüringen. Der erste Eppsteiner Siegfried auf mainzischem Bischofsstuhl hatte seiner Kirche selbst mit Gefährdung des eigenen Lebens den Zehnten des reichen Thüringer Landes zu erringen gesucht; der dritte er=

reichte es, die Hauptstadt Thüringens sich völlig unterthan zu machen. Der Grafenvogt von Gleichen war nun mainzischer Lehnsmann: für das Erzstift hatte er fortan das Schwert zu füh=
ren, die Urtelssprüche auch im Hochgericht in des Erzstifts Namen verkünden zu lassen.

Zum Stillstand der städtischen Entwickelung ist es jedoch da=
mit durchaus nicht gekommen. Geändert hatte sich ja nur ein Rechtsverhältniß, von dem das innere Stadtleben wenig berührt wurde. Die thatsächliche Macht Erfurts, die eben damals wie eine Knospe schwellend sich hob, war: die Bürgergemeinde. Was an Fleiß und Werkthätigkeit fürs irdische Leben, was an Rechts=
kunde für die Ordnung aller gesellschaftlichen Dinge, was als Product von beidem an innerer Machtfülle Erfurt besaß, verdankte es seinem Bürgerthum, wie es, unter der Obhut weltlicher und geistlicher Stadtherren von kleinen Anfängen langsam empor=
gewachsen, jetzt der Mündigsprechung zureifte.

Der eisenharte Siegfried ruhte erst wenige Jahre im Main=
zer Dom, als sein zweiter Nachfolger die „treue Tochter des Main=
zer Stuhles" in Thüringens Mitte mündig sprach, da sie mündig geworden. Aus dem Kreis der vornehmeren Bürgergeschlechter, die schon seit Alters neben ihren häuslichen Geschäften die der Gemeinde besorgt hatten, ging der neue Rath hervor, der die in=
nere Stadtverwaltung nun selbständiger in die Hand nehmen durfte. Zwölf Rathsmannen („Kumpane") und zwei Rathsmeister bildeten seit 1255 [12] diese jährlich wechselnde Behörde; dem Grafen wie dem Vizthum und ihrem Herrn dem Bischof durch Eid auf die Heiligen verpflichtet, schalteten sie, wo nicht Herrenrechte zu verletzen waren, nach freiestem Ermessen, nach eigener Initiative über der Stadt Wohl, selbst zum Bündnißschluß mit auswärtigen Mächten vollberechtigt, abgabenpflichtig aber keinem, wenn man von herkömmlichen Ehrengaben unbedeutenden Werthes absieht.

Wie ein langer Winter, aus dem nur wenige, zumal wenige

angenehme Rückerinnerungen dem Gedächtniß verblieben, — so liegt die älteste Geschichte der Stadt Erfurt hinter diesem Markstein von 1255; da bricht das Eis, vom Sonnengold der Freiheit wach gerufen drängt Reim an Reim durch den zerthauenden Schnee, und wo noch eben kleinliche Verhältnisse kaum das Schauen lohnten, thut sich eine mittelalterliche Großstadt vor unseren Blicken auf.

Das Leben in der Stadt während der zweiten Hälfte des Jahrhunderts.

Auf Straßen und Plätzen.

Wer vor sechshundert Jahren, etwa von Süden her, der Stadt Erfurt zuwanderte, den begleitete das frische Grün der thüringischen Waldung weiter als einen heutigen Wanderer, der desselben Weges geht. Kaum hatte er die malerischen Berge von Arnstadt hinter sich, das regsame Gerastädtchen mit seinen vielgeschäftigen Juden und seinem gerade der Entscheidung zudrängenden Streit über die Vogteirechte zwischen dem Abt von Hersfeld und den Grafen von Kevernburg durchschritten, — die Landschaft wurde soeben offener hier im uralten Gau Langwiesen, und der Blick ruhte mit Wohlgefallen links auf den inselartig aufragenden Gleichenburgen vor dem Rücken des Seebergs bei Gotha, rechts auf den Wellenlinien des Eichenbergforstes, — da umfing ihn wieder ein herrlicher Wald, der nur noch in dicht zusammenschließende Baumkronen Aussicht verstattete. Hier lauerte im Dickicht der Luchs auf das scheue Reh, ganze Rudel von Hirschen rauschten durch das Gebüsch, auf den Zweigen ertönte der vielstimmige Chor der Vogelwelt.

Lange jedoch konnte man nicht fortwandern in der würzigen Waldluft der „Wawide" oder „Wawet", so mischten sich feierliche Klänge in die Laute der Natur, mitten in der Wildniß verkündend, daß auch in diese Lande längst mit dem Christenthum Cultur gekommen. Glockenklänge waren es, deren ferntragende Schwingungen schon damals wohlthuend das Ohr von Tausenden in weitem Umkreis trafen, wenn die Glöckner in Erfurt bereits den Anschlag vollendet hatten. Noch umtönt es gleichsam zauberisch wie Glockenschall einer untergegangenen Stadt den Fremdling, als plötzlich der Weg sich senkt, volleres Licht auf dem blumigen Waldboden erglänzt, und auf einmal das wirkliche Bild einer Stadt dem Auge sich darbietet, wie in solcher Schönheit das Vaterland nicht leicht ein zweites aufzuweisen hat.

Ein sonniger Frühlingsmorgen webt seine ganze Farbenpracht über die reiche, schön gerahmte Ebene, welche die majestätisch hingelagerte thurmreiche Stadt trägt. Fernab dort im Osten umflattern schwarze Vögel krächzend den Rabenstein, auf dem sie alltäglich ihren Fraß zu finden gewohnt sind, ohne von den Feldarbeitern auf den anstoßenden Aeckern gestört zu werden; lustig ergrünen die Saaten, nicht nur vom gewöhnlichen Brotkorn, d. h. Weizen und Roggen, von Hafer und Gerste, Hirse und Spelt, sondern auch vom Blaugrün der Blattrosetten des Waids — der Charakterpflanze des hiesigen Landbaus —, und dazwischen ziehen Rapsfelder in vollster Blüthe goldgelbe Streifen. Freundlicher noch lächeln uns zu die üppigen Rebengelände, die überall die Anhöhen und Hügelrücken bedecken; sieht es doch aus, als lege sich fast ohne Lücke ein Kranz von Rebengrün um den äußersten Umring der Vorstädte, in diese selbst bringen noch die „Weingärten" hinein, ja nicht einmal vom innersten Mauerring, der die Altstadt vom „Wipilbe" abtrennt, lassen sie sich hemmen. Aus dem gartenreichen Brühl ziehen sie an den Muschelkalkhöhen des steileren linken Gera-Ufers nach Hochheim hin, wo sich ihnen zahlreiche

Hopfengärten zugesellen; vor ihnen liegt die Flußaue im Espen- und Weidengebüsch versteckt, das quellige Sumpfland des „Dreienbrunnens" daneben, aus dem mehrfach spiegelnde Teichflächen hervorblinken; da fischt man fleißig, selbst Forellen, läßt aber die Brunnenkresse noch unbenutzt auf dem Sumpfboden kriechen, unbeachtet mit ihren weißen Blüthchen über Wasser winken. Im Vordergrund schlingt sich wieder der Kranz von Weinlaub weiter: wo sich nur in den Fluren der „Slavendörfer" von Daberstedt, Ditelstedt und Mirchen- oder Melchendorf der Boden selzig hebt, grünt die Rebe, hier auf dem „Hirzberg", wo nun längst der Winzer den Hirschjäger abgelöst hat, wie dort auf dem „Stalberg";[13] nur streifenweise ist hier der Waldung das Weiterleben gegönnt.

Daß man eine zu sofortiger Gegenwehr gerüstete Stadt vor sich hat, verrathen die grauen Mauerlinien der Innenstadt am schroffen Absturz zu dem ausgetieften Bett der Wilden Gera, das der ebneren Ostseite die natürliche Deckung des Westens durch die Terrainsteigung ersetzen muß. In die Mauer eingefügt, auf die Thorpforten aufgesetzt schauen Vertheidigungsthürme hervor, mitten in dem Buschwald des Brühls drohen burgähnliche Bollwerke in massivem Steinbau jedem Angriff auch von dem südwestlichen Bruchland her Mißerfolg. Frieblich schirmend überragen dagegen, wohin der Blick nur schweift, die niederen Ziegel-, Schindel- und Strohdächer der Häuser stolze Kirchenbauten mit kaum zu zählenden Thurmspitzen. Am würdigsten thront auf gewaltigem Unterbau die neue Domkirche, der heiligen Jungfrau geweiht, deren nunmehr vollendete Thürme aller anderen wie Riesen der Zwerge spotten; und doch schaut noch weiter ins Land das Thurmpaar des Petersklosters auf dem Berg dahinter, wo der noch spiegelblanke Zinnaufsatz des hölzernen Trägers der größeren Glocken an Funkelglanz selbst die hohen Fenster von Marien- und Severuskirche im Schein der Morgensonne überbietet. Minder geblendet von reichem Schimmer ruht endlich gern das Auge am westlichen Horizont, wo so traulich von der wohlbepflanzten Höhe das Nonnenkloster herüberschaut, das seinem Berg nun schon für alle Zeiten den Namen des Cyriaksberges gegeben hat.[14]

Da klingt der Glockenschall einer weidenden Heerde an unser Ohr; der Hirt, mit einer mächtigen Keule in der Hand, treibt eben die Kühe vorüber und erinnert uns, daß in der Stadt schon längst der Morgen eines geschäftigen Werkeltags angebrochen ist. Wandern wir deshalb durch die Rebengärten den vorstädtischen Häuschen zu, die in langer Zeile vor dem eigentlichen Burg= b. h. Stadtthor ins Freie sich hinausziehen. Der Weg führt an einer Ziegelhütte vorüber, wo man den fetten Thon des hiesigen Bodens eben im Begriff ist zu formen, um ihn dann rothgebrannt auf die Dächer der Reicheren zu versetzen.

Allmählich verschwindet der Blick ins Grüne, die äußerste Landwehre nimmt uns auf, und wir schauen durch die geöffneten kleinen Lukenfenster in die Stuben der fleißigen „Schegener".[15] Rasselnde Webstühle thun uns kund, daß hier manche Faser blau= äugiger Flachskräuter zu „Gewand" verarbeitet wird. Schegen= oder Ziechenwerk nennt man den vielfach zu Bett=, Hand= und Tischtüchern benutzten Leinenstoff, und der Handel mit der dauer= haften Waare hierselbst und „in der Stadt" geht gut; die kleinen Abgaben, die jeder auch von den andern hier wohnenden Hand= werkern zu tragen hat, fallen schon ab, und man ist froh, dem Gerichtsherrn nicht mehr draußen auf seinem Herrenland die Frucht mit schneiden und darüber das Handwerk versäumen zu müssen; dafür gibt nun jeder, der hier sein eigen Haus hat, am Ja= cobitag zwei Silberpfennige, die sogenannten „Sneter=Pfennige"; außerdem sind freilich noch von jedem Handwerksgeräth zu Wal= purgis wie zu Michaelis sechs Pfennige, ebensoviel beim Beginn des Meistergeschäfts zu erlegen, und — ein Andenken an die Zeit, wo hier noch Dorfsatzung herrschte, wie vor Alters auch in ande= ren vor der Stadt gelegenen Bauerhütten — muß jeder, der sich ein Weib nimmt, fünf Dutzend oder, wie wir sprechen hören, fünf Schillinge solcher Silberpfennige zahlen; früher an den ablichen Herrn, dem der Grund und Boden hier gehörte, und von dem die ganze Vorstadt den Namen des Trostgerichts immer noch führt, jetzt aber an den Mainzer Bischof, in dessen Hand der Gerichtsstab mit allen Rechten der Troste nun übergegangen.

Am ehemaligen Wohnhaus der Troste vorüber treten wir ein in das eigentliche „Erforte". Hinter uns das „Lowerthor" mit seinen dicken Vermauerungen und Erkerthürmchen für die Beschützung des wichtigen südlichen Uebergangs über den als Stadtgraben benutzten Flußarm, dazu die altbewährte mächtige Stadtmauer mit hoher Wallaufschüttung nach innen, rechts und links dichter gereihte Wohnungen geben uns das Sicherheitsgefühl, daß wir nun, obwohl immer noch auf ungepflasterten Wegen wie auf offener Landstraße fürbaß schreitend, in der Stadt sind. Die Nase ist freilich beim Weitergehen wenig erquickt; die Rinder- und Schaffelle, die hier die Löwer in der Kirschlache entbluten und weiter behandeln, theilen der Luft einen penetranten Geruch mit, denn wir befinden uns mitten „unter den Löwern", — die einen schwenken auf der kleinen Brücke hinter ihrem Haus die Felle im Wasser der unentbehrlichen Lache, andere klappern in Holzschuhen, die am Aescher mit Kalk, dann wieder mit Lohbrühe unabsichtlich bunt gemalt sind, nach dem Lohbank, um sich für den Erlös der hier am Ort viel Nachfrage findenden Lederwaare, auch etwa der verkauften Fellhaare neuen Lederkalk, Lohe und Lohlaub einzuholen. Es sind lauter handfeste Männer mit biederem Gesichtsausdruck, aber Kleider und Hände nicht reinlicher als ihre Schuhe; die Badestube dort, die „Löwerstube", wird ihnen gute Dienste leisten.

Wagen und Karren kommen herein gefahren mit Getreide, denn es ist heute Sonnabendsmarkt, und der Landmann kann seine Wintervorräthe, soweit er sie nicht selbst aufgebraucht, noch gewinnreich an den Mann bringen; den Wagen folgen Bauern zu Fuß in größeren und kleineren Gesellschaften, darunter Gestalten von kräftigstem Gliederbau; den „Waldmännern" der ferneren Dorfschaften haben sich unterwegs in den „windischen Gehöfen" andere aus näher gesessenen Bauerschaften zugesellt, man nennt sie „windische Leute", aber sie sprechen gut deutsch und nehmen sich an ihren keulendicken Knütteln gar nicht fremdländisch aus; ihre Weiber tragen allerhand Flechtwerk aus Bast und Weidenruthen zu Markt, Matten, Decken, Stränge und Körbe, in hoch bepackten Kiepen hölzerne Näpfe, Kannen und Hackenstiele, an denen manchen langen Winterabend hindurch geschnitzt und gebestelt worden.

Gehen wir ihnen nach, so wird es uns zur Linken freier: wir sehen bis nach dem Neuwerkskloster beim Wasserthor, da diese Stadtgegend erst durch Trockenlegung für den Häuserbau gewonnen wird; man nennt sie „auf dem Bruch" und hat angefangen hier die Neustadt zu gründen. An der Viti-Kirche und dem Hof des Ichtershäuser Nonnenklosters vorbei, betreten wir die Lange Brücke, eigentlich eine Gasse, die über zwei Brücken hinwegführt dicht oberhalb der Wiedervereinigung des Bergstroms mit der Gera. Zwei stattliche Mühlen stehen hier auf gleicher Flußhöhe und theilen sich in die Benutzung der Wasserkraft, man nennt sie darum „halbe". Mehr als zwanzig Mühlen setzt der Fluß mit seinen natürlichen und künstlichen Spaltungsarmen in tactmäßige Bewegung, aber auf keine legt der Rath so großes Gewicht als auf diese beiden Halbmühlen vor der Langen Brücke: weiß aufschäumend fällt das „werbhaft Wasser" über den Fachbaum in die Räder am frisch grünen Weidich, und wer zählt die Weizen- und Kornsäcke, die hier das Jahr über aufgeschüttet werden! Um hundert Silbermark hat erst kürzlich der Rath die eine Halbmühle von Dietrich Hebestrits Wittwe gekauft und gegen Getreidezins an drei Brüder aus Gefrunden-Adel verpachtet; Lehnsherrn dieses Mühlgutes sind die Grafen von Kevernburg und Rabenswald, denn die Zeit ist noch nicht vorüber, wo neben den thüringischen

Klöstern einige Grafengeschlechter des Landes in Erfurt Grundbesitz haben. Wichtiger noch ist der Gemeinde die andere Halbmühle, von der der Gefrunde Walther Kerlinger der Stadt den jährlichen Pachtzins entrichtet: von ihr aus läßt man durch Oeffnung eines Wehres, zu dem der Rath den Schlüssel verwahrt, bei Feuersbrünsten und an den heiligen Tagen, wo kein Mühlrad sich drehen darf, das Wasser in die „Klingen", die flachen offenen Canäle, welche die Gassen in wohl durchdachtem System durchriefeln.

Da, wo die Kupferschmiede wohnen; biegen wir ab von der Langen Brücke, und die enge Stunzengasse führt uns auf den Marktplatz „vor den Graben". Welch ein buntes Menschengetümmel drängt sich hier zusammen auf diesen Raum von den Schmieden bis unter die Schwibbogen der Kasate! Hier dröhnt der schwere Hammer auf den Amboß, am Schmiedeheerd zeigen sich rußige Männer, die funkensprühende Eisenkloben formen, vor den Thüren behufen die Schmiedegesellen vom Marktwagen ausgeschirrte Pferde; das Durcheinanderschreien von Bürgern und Bauern, Käufern und Verkäufern, das Kreischen der Salzhockenweiber, die sich nach gutem alten Brauch heute wieder schimpfen und zausen, läßt uns keine Möglichkeit, die Worte zu verstehen, mit denen da drüben auf der Gerichtsstelle eben der Schultheiß das Urtel der Schöffen, die vor ihm sitzen, den klagenden Parteien eröffnet, während schon ein neuer Marktstreit, zunächst noch hinter seinem Richterstuhl in heftigem Wortwechsel und fast handgreiflich verhandelt, seiner Schlichtung zudrängt. Wie versöhnender Gottesruf tönt es aber jetzt über das fried- und ruhelose Treiben der Menschen: die Glocken des Domes läuten zur Morgenandacht, und wir gewahren, daß gar manche nicht bloß um irdischen Gutes willen zum Erfurter Sonnabendsmarkt gekommen sind; das Marktleben freilich dauert fort, wenn auch die Menge hie und da auseinander weicht, um den Andächtigen ihren Weg nach Unsrer Frauen Berg nicht zu hemmen.

Ein seltsamer Gegensatz: dort auf dem großartigen Fußgestell der thurmhohen Steinwölbungen das schöne Gotteshaus frei in des Himmels Blau emporragend, — die alte Weise der beengten düstern Kirchenbauten ist schon abgestreift, [16] wie aus dem Titurel spricht uns vom hohen Chor hernieder:

„Man soll in lichter Weite
Den Christusgott und Christenglauben künden!" —

und vor uns der widrige Anblick von Galgen und finsterm Henkershaus neben dem Kal=Schupfen (dem Pranger), ringsum alles schwarz von Kohlenstaub durch das Abmessen der Holzkohlen, die hier von den Köhlern aus dem Wald feil geboten und nicht bloß von den benachbart wohnenden Schmieden so viel gebraucht werden; der Schmied aus dem Mainzer Hof wird kaum fertig, den Leuten ihren Bedarf an Kohlen mit dem nur seiner Hand verstatteten Gemäß zuzumessen und verdient sich gute Sporteln dabei, muß aber auch dafür jährlich in den bischöflichen Gutshof, in dem er dient, den pfündigen Topf von Erz und ein Pfund Pfenninge, dem Vizthum ein Paar Sporen zu vier Schillingen liefern und ihm sein Reitpferd umsonst behufen.

Am meisten zu thun hat natürlich auf dem Platz der Marktmeister mit seinen Zollknechten. Er muß seine Leute kennen; nicht nur der Mönch, der dort für sein Kloster einkauft, der Ritter und Pfaffe, Erfurter Bürger und deren Gesinde sind zollfrei, sondern auch gewissen Dörfern hat der Bischof die Freiheit vom Erfurter Marktzoll geschenkt, ja von den Bauern solcher Dörfer wie Urbich oder Windisch=Holzhausen muß der Marktmeister diejenigen zu unterscheiden wissen, die mit unter den sechzig „Freigästen" ihre Hühner und Eier zu Martini in den Bischofshof bringen und nicht zu zollen brauchen. Bei allen andern, die in die Stadt gekommen, gilt es auf der Hut zu sein, daß von jeder Waare — sie sei denn von weniger als Halbschillings=Werth — die Pfenninge und Scherfe richtig gezollt werden, daß nicht etwa unter der Hand der Landgeistliche zu eignem Verkauf "uf Gewinnung" oder der Edelmann für Rechnung eines auswärtigen Bürgers Einkäufe macht, besonders aber daß keiner der Verkäufer seinen Wagen oder Karren ausverkauft ohne seinen Zoll zu bezahlen. Gelingt es mit schnellem Roß über die Thorbrücke zu entkommen, läßt man sich auch nicht aufhalten von dem am Thor aufpassenden Zöllner, der wohl die Wehre ergreift und sich nicht scheut zu beinschrötiger Verwundung sie dem Ausreißer nachzuschleudern, — so ist man des Zolles samt der Strafe ledig, da kein Zöllner über das Weichbild hinaus verfolgen darf, und die Schuld, sobald sie "übernächtig", als getilgt gilt.

Nicht minder ist der Münzmeister in Arbeit. Seine Knechte, die geschwornen "Luger" prüfen hier auf dem Markt die Richtigkeit von Wage, Gewicht und Münze. Daß halb Thüringen beim Waarenumsatz auf dem Erfurter Markt sich zeigt, ist wohl zum guten Theil die Wirkung dieser strengen Polizei. Ein einziges nicht vollöthiges Gewichtsstück bringt selbst den vielleicht Unschuldigen in die große Buße der drei Pfund und drei Scherf; findet man von neuem bei ihm in Wage oder Gewicht Falsches, so sieht man ihn unerbittlich als Betrüger an: man hackt ihm beim zweiten Mal die Hand ab und überliefert ihn beim dritten Mal dem Henker. Auch zur Bezahlung sehen wir die Wage in Gebrauch, denn die Entgeltung mit ungemünztem Silber ist noch nichts Ungewöhnliches; selbst die ursprüngliche Form des Tauschhandels lebt noch auf hiesigem Markt: die Landleute laden neben den Säcken auch Fässer voll Getreide ab, sie schütten das Korn heraus und lassen sich das Faß vom Käufer mit dem gepriesenen Erfurter Gerstensaft füllen. Der Münzmeister mischt sich jedoch darein: der Bauer hat nicht bis zum Rand füllen lassen und will das Uebrige lieber in Geld vergütet haben; da muß er den "Schlägschatz" tragen gerade wie der Waldmann, der seine prächtigen Eichenstämme dem städtischen Zimmermann im einzelnen statt im ganzen Fuder verkauft hat. Sonst trägt der Regel nach der Käufer diese Abgabe an des Erzbischofs Münze bei schlägschatzpflichtiger Waare; von ihr befreit nicht Abel noch geistlicher Stand, nur die Bürger der Stadt bei Geschäften unter einander und die Münzer selbst sind ihrer ledig. Wer zählt die Silberlinge alle, die heute in des Münzmeisters Büchse fallen bei jedem Hopfen- ober Getreidesack, bei jeder Klafter Holz und jedem Lammfell, das mit alten Pfenningen gekauft wird. Die letzte Jacobi-Prägung macht sich gut rentabel; denn wer die neuen Pfenninge sich kauft am Wechseltisch, braucht keinen Schlägschatz zu entrichten.

Schreiten wir durch die Reihen der Verkäufer und Verkäuferinnen des „Musgewerks" hindurch, so liegt uns der ganze Reichthum des Erfurter Garten- und Gemüsebaues zur Schau, und es duftet hier bei den Gemüsekörben, die am frühen Morgen im Brühl und vor dem Moritzthor ihre Lasten empfingen, besser als drüben auf dem „alten Käsemarkt"; auch Blumenkränze und Birnen bietet man neben Blattkohl, grünen Erbsen und breiartigem „Bolz" feil.

Nicht weit davon ist die Stelle für die Hohlwerk-Händler vom Wald und aus der Stadt; lauter Holz- und Bastwaare sehen wir aufgeschichtet, vorwiegend Hohlformen: größere und kleinere Mulden, ausgepichte Becher aus sauber geglättetem Tannenholz, Fässer und Lägel, Backtröge und Schweinetröge, Pferdekrippen, Pflüge, Rabeberen und niedrige Räderkarren, Handstoße und Schöpfer an langen Stielen, für den Brauer mächtige kastenartig zusammenzuschiebende Stücke von Bierrinnen und Stechheber, die man unter dem Namen „Kelche" anbietet; die Hausfrauen handeln um den Preis eines Trag- oder Handkorbes, einer Holzschüssel, geben aber der armen Wälblerin, die, ihr Kind auf dem Arm, schon in tiefer Nacht mit schwerer Rückenlast aufgebrochen ist, um ein paar Scherflein in der Stadt zu verdienen, auf Gotteslohn einen ganzen Silberpfennig für ein Bündelchen Bindebast und Kien, wovon ein Schock wohl kaum einen zerschnittnen Pfenning werth wäre.

Ritterliche Gestalten mengen sich auch mit unter die Käufer, den rothen oder gelben Waffenrock über dem dicht anliegenden Panzerhemd von Eisenringeln, das ihnen von Kopf bis zu Füßen reicht, einherstolzirend im schwanken Helmbusch bunter Federn. Dort bei den Schwertfegern prüfen sie die Klingen, unter den Kestnern oder hier beim Hohlwerk wählen sie sich den stärksten Speerschaft, passen sich den bastenen Schwertgurt an, beschauen die ausgestellten Holzsättel, die man Hulften nennt, und die „Sel-Bogen".

Aus den geöffneten Kirchenthüren des Doms trifft jetzt vernehmbarer der Orgelton tief aushallend unser Ohr: der Gottesdienst ist vorüber, und die breiten Stufen herab zieht es in dichten Schaaren zu uns her. Nichts auffälliger dabei als die grauen Schwestern, die Beginen, in ihrer langen, schlichten Gewandung, ihrer dichten Umschleierung, die kaum das bleiche Antlitz sehen läßt, ihren weiten Aermeln, in denen sich die gefalteten Hände, den Rosenkranz haltend, verbergen. Auffälliger um so mehr, als in ganz derselben Tracht viel frischere Gesichtchen sich schon während der Messe auf dem Markt gezeigt, nicht mit gesenktem Blick, sondern schmachtenden Auges, ja selbst schalkhaft kokett unter dem Nonnenschleier nach den schmucken Schülern ausschauend, die sehr persönliche Bekanntschaft mit ihnen verrathen, die Schwestern wohl beim Namen rufen mit neckischem lateinischen Vers, dessen Extemporirung ihnen heute das Colleg beim gelehrten Magister ersetzen muß, da es doch besser dünkt beim lustigen Sonnenschein über den Markt zu schlendern, Kneipe und Würfelspiel aufzusuchen, statt im dumpfigen Hörsaal die langen Stunden beim Donat zu vertrauern.

Unterdessen hat sich das Marktgetümmel etwas gelegt. Die hausfreie Gegend vor den Graben, der Wochenmarktplatz wie seine Fortsetzung am Severberg hin, bleibt zwar belebt genug, aber mehr nach letzterer zieht sich die kauflustige Welt. Die fremden Verkäufer werden nun, mit leerem Wagen oder Korb und vollerem Beutel, die Käufer.

Hastig drängen sie vor die Domstufen auf den Salzmarkt, wo der Salzgräfe des Erzbischofs sein Reich verwaltet. Es ist schwer beizukommen, denn immer nur vornan, wo der Salzgräfe die kleinen erzstiftischen Gemäße gegen den Maßpfennig verabreicht, darf verkauft werden, und die in Mulben Salz feil bieten und bis zur „Klinge" sitzen, haben schon ihr Geschäft gemacht. Dabei möchte doch auch keiner der Wagen und Karren, die in langer Reihe aufgefahren stehen, unsonst zu Markt gekommen sein, jeder Salzhändler, Bürger oder Gast, auch noch vor Mittag verkaufen, da später ihm nicht mehr der Kleinverkauf gestattet ist, der dann vielmehr allein auf die funfzehn Salzhakenweiber übergeht. Jetzt helfen die Weiber mit vermessen, schon aber beginnt eine und die andere die nicht verkauften „Huppen" aus den leer gewordenen Karren sich auszukratzen, selbst um ganze Wagenlasten zu feilschen, da heute die Witterung so günstig trocken und außer am Sonnabend anderer als Huppenkauf den Salzhocken verboten ist.

An ihren funfzehn Salzhütten, die man noch „Wagen" nennen hört, weil sie vordem bloße Räderkarren waren, beginnt rechts von den Stufen jene Verschmälerung des Platzes, wo nach alter Sitte ohne Unterschied der Wochentage gewisse Waaren zu haben sind: „unter den Seilern" stehen die Leinwandbuden, am Hügelrand an die sechzig Schuhbänke, dabei die Lederbänke auf dem sogenannten „Lederhaus", und rechterhand haben wir das „Brothaus". Der mit Steinen festgestampfte Weg erinnert uns, daß wir dem Herrenhof des Bischofs nahe sind; in der That schaut man vom „Steinweg" aufs aller nächste das alte Gemäuer des „Krummen Hauses": links der Erkervorbau des „Tarras" und weiterhin am Severhof die eigentliche Residenz, altersgrau über den Blüthenbäumen des Burggartens emporragend, an der Ecke, wo sich die dicke Ummauerung nach der dem Petersberg zugewandten Seite umbiegt, ein enges Steinpförtchen, das aus dem Frohnhof nach den Schilderern herabführt.

Doch wir verlassen die Kaufhäuser, wo eben die ihren Namen verdienenden klobigen „Boßschuhe" von Rinds- und Bocksleder besten Absatz finden, und auf dem Lederhaus nicht nur der Dorfschuster, sondern auch der städtische Schuhmacher, Riemer und Gürtler von außerhalb sich mit der bewährten Erfurter Lederwaare versieht. Einen Blick nur werfen wir in die enge Fingerler-Gasse, wo die glitzernden Schmucksachen feil sind, die kunstvollen Fingerringe, wohl auch die viel gesuchten Halsbänder, die man hier am Ort aus Kupfer oder aus Feinsilber so zierlich zu schmieden versteht; „unter den Schilderern" bleibend, gehen wir am Faulloch und einer kleinen Häusergruppe vorüber, die sich uns sehr unbekümmert darum in den Weg stellt, daß sie im Mittelpunkt eines Straßenkreuzes den Verkehr ewig hemmt, wo links die Viehgasse, rechts die Gasse der Hefenverkäufer auf die Schilderer trifft. Wir sehen wenig vom Fleiß der „Lederschneider", Schilderer oder Sattler, die in ihrer Werkstatt Sessel und Sättel beledern, tannene Schilde mit Schweinsleder überziehen und mit den grellen Farben des Wappenbildes bemalen; näher am Weg stehen uns die dicken Klötze der „alten Fleischbänke", auf denen mancher gute Sonntagsbraten vom ganzen Stück gehackt wird. Was doch der Wettlauf der Concurrenz thut! Seitdem den fremden Fleischhackern der Verkauf in der Stadt erlaubt ist, bringen sie ihr Bestes herein, und die durch kein Innungsprivileg mehr geschützten hiesigen Fleischer kämpfen mit der besten Waffe als der einzigen, die ihnen geblieben, um ihr Dasein: mit noch besserem Angebot.

Wir stoßen auf den Rubenmarkt, wo sich mitten durch Roßkauf und Roßtausch bei der Rubenmarkts-Badestube ein seltsamer Trauerzug herbewegt, ohne daß man im geringsten das Kreuz-

und Querreiten mit den zur Schau geführten Pferden unterbricht:
ein kleiner verhangener Wagen fährt daher, ernste Gesichter folgen
ihm, aus dunkeln Augen spricht der Schmerz. Es ist das schmuck=
lose Begräbniß eines auswärtigen Juden, dem man für den
Todtenzoll der dreißig Silberpfenninge die Ruhestätte in Erfurt
hat erkaufen müssen; nun darf er vor dem Andreasthor bei den
Genossen seines Glaubens von nah und fern zwischen Garten=
gebreiten und Stadtmauer in die frische Gruft gesenkt werden.

Der Wandel der irdischen Dinge tritt uns vor Augen. Wie
lange ist es her, daß dieser Boden, den sich jetzt die Menschen be=
streiten, Freistatt war für jedermann? Noch umschwärmen all=
winterlich die Wölfe das Weichbild und erinnern durch Einfall in
die Hürde an jenen unfreiwilligen Tribut, den man vor Zeiten
allein zu zahlen hatte, wenn anders man sich der feindlichen Nach=
barn zu erwehren wußte: den an die Elemente und das wilde
Gethier. Die kurze Häuserreihe an jener Seite des Rubenmarktes
erweckt durch ihren Namen „auf dem Lappenberg" noch ein Bild
der vielleicht nicht so fernen Vergangenheit, wo hier zwischen den
ersten Ansiedelungen auf grünem Hügel die Bienen summten und
die Lappenkräuter blühten.

Freundlich jedoch winkt uns das sonnenbestrahlte Kloster von
Sanct Peter auf dem Berg über dem Frühlingsgrün der Reben
in die Gegenwart zurück, und wieder recht in den vollen Strom
des Menschenlebens zieht uns der Gang durch „die breite Straße",
„die Straße" auch schlechthin geheißen. Sie ist wirklich breit, wohl
die breiteste Straße der ganzen Stadt: zwei Wagen können in ihr
bequem einander ausweichen, wenn man auch immer an der einen
Häuserreihe sehr deutlich riecht, ob an der anderen ein Bäcker
wohnt; nicht als ob die Kuchen so lecker dufteten, jederlei Geruch
wird da vielmehr erstickt durch die Schweinemästung, deren die
Bäcker sich besonders befleißigen; die Ferkel laufen wohl auch zur
Thür heraus und ergötzen sich mit Wühlen im Mist (den die Po=

lizeiordnung des Raths noch so wenig überall beseitigen kann
als die auf offener Straße aufgethürmten Haufen von Brenn=
holz),¹⁰ und die Bäckerjungen treiben sie mit dem langen Stiel der
ungelehrten „Ofenschüssel" wieder von der Gasse. Wir müssen froh
sein, daß es dem Rath gelungen ist, uns vor schlimmerem Anfall
zu bewahren, denn die reicheren Bürger halten sich gern zur Kurz=
weil wilde Thiere, nicht nur einen Meister Petz im Zwinger, einen
stolzen Achtzehn=Ender im Hof, sondern auch eingefangene Wolfs=
brut pflegen sie sich groß zu ziehen, was der Straßensicherheit
leicht gefährlich wird.

Die Bierbrauer sind ebenfalls rücksichtsvoller gegen die Vor=
übergehenden geworden und lassen nicht mehr so ungenirt den
großen Bottich vor der Hausthüre unter freiem Himmel gähren;
schwer und mit Widerwillen indessen gewöhnt sich der Hausbesitzer
an solche Beschränkung seiner persönlichen Freiheit, da es doch
sonst nicht Sitte war, so ängstlich seinen „Burgfrieden" mit der
Thürschwelle abzugrenzen. Wie manches Haus selbst hier „in der
Straße" hat seinen gehörigen „Ueberhang" im Oberstock und jen=
seit der „Kannegießer" bei der Allerheiligen=Kirche, wo guter
Vorrath von Zinnkrügen und Zinntellern die Läden füllt, erblicken
wir ganze Zeilen von „Kammern, die zu Wege gehn" — vorge=
baute Kräme, in denen Leinenwaare verkauft wird.

Gar mannigfaltig sind die großen und kleinen, alten und
neuen Wohnhäuser anzuschauen, die nur das gemeinsam haben,
daß sie alle den Giebel nach der Straßenseite kehren, rechts wie
links eine Zackenlinie mit sehr ungleich hohen Spitzen zusammen=
setzend. Viel Streit gewiß zwischen den Nachbaren, deren Gehöfte
an einander stoßen, über die Dachrinne, wer sie im Stand erhal=
ten soll, wenn sie bei annäherungsweise gleich tief herabreichendem
Giebel beiden Häusern zusammen gehört und die Kaufurkunde ver=
loren ist, die das Nöthige über den Einzel= oder Gemeinbesitz der
Dachrinne ausmacht.¹¹ Manchem Haus ist schon neumodisch ein

Taufname gegeben, während man die anderen noch nach ihren Eigenthümern benennt. Warum hat man aber gewünscht, schon im Diesseits die Unterwelt seine Heimath zu nennen? Ja mit einer „kleinen" oder „halben Hölle" war man noch nicht einmal zufrieden: das größere Haus haben sie „zur großen Hölle" genannt; um die Ecke herum finden wir, mit der Rückseite der großen Hölle zugekehrt, „den rothen Karpen"[10] neben einem Backhaus und unweit der Stelle, wo der umfangreiche Gebäude-Complex des Martins-Hospitals anhebt.

Wir befinden uns auf dem Fischmarkt, dem Neubau des Rathhauses gegenüber, in welches seit kurzem der Mittelpunkt der städtischen Verwaltung verlegt ist; aber sicher sind bereits seit Alters wichtige Gemeindehandlungen auf diesem Platz vorgenommen worden, wie der aufgerichtete uralte Malstein des Gerichts bezeugt, bei welchem sogar der Erdboden mit breiten Steintafeln überdeckt ist. Der Fischlakenduft verräth, daß den Morgen über mancher Hecht und Karpfen seinen Liebhaber gefunden hat. Eben noch sammelt der Schultheiß-Büttel für seinen Herrn das „Martrecht" ein: von jedem Karren- und Wagenrad, auf dem „Fische in der Lake" angefahren sind, einen Silberpfennig; frei von der Räder-Abgabe sind nur diejenigen, die Aale, Tunne und trockne Fische hergebracht oder ihren Karren eigenhändig gefahren haben. Die Heringer, die eine Innung für sich bilden, und deren Absatz sich das Jahr über auf Hunderttausende belaufen mag, haben auch frische Lachse auf ihren Verkaufstischen ausliegen; die hiesigen theilen aber den Gewinn mit den fremden. Ebenso ist es mit dem Verkauf der „kleinen Fische": den auswärtigen Händlern mit Kleinfischen ist die eine, den hier ansäßigen die andere Seite des Fischmarkts angewiesen.

Prächtige Stücke von Wild sind noch vom Frühmarkt übrig geblieben: die feistesten Bärenschinken, Reh- und Hirschziemer die Masse; das Angebot aus der wälderreichen Umgegend wird frei-

lich wohl selbst die stärkste Nachfrage überbieten. Einige Haufen
kleineren Wildprets sind von der guten Marktpolizei, die hier der
Rath übt, vor dem Verkauf gesichert worden: traurig sehen die
Hasen und Eichhörnchen ganz beinlos, und die einbeinigen Reb=
hühner aus — die Rathsdiener haben ihnen die Beine abgehackt,
weil diese einen zweiten, jene einen dritten Tag gegen Stadtgesetz
zu Markt gebracht waren.

Recht ein Bild alter Zeiten ist das kleine Gotteshaus, das hier
mitten im Markttrubel auf der Seite nach dem Hospital hin steht;
wie dieses ist es dem heiligen Martinus geweiht, dient als Pfarr=
kirche der nach ihm benannten Gemeinde, droht aber fast schon den
Einsturz und vermag nicht einmal seinen Gemeindegliedern nach dem
Ableben die letzte Ruhe in geweihter Erde zu gewähren, denn gegen
alle Regel fehlt ihm der Kirchhof, und man muß die Todten von
Sanct Martin auf den umliegenden Friedhöfen bestatten.[11] Fast
ebenso viele Jahrhunderte wohl schon wirft das alte Gebäu auf
diesen Platz seinen Schatten, als dort das „Bornfaß" im Schacht
des Fischmarktbrunnens auf= und niedergewunden wird.[12]

Ganz ein Bild der Neuzeit dagegen bietet das Rathhaus dar,
das „Bürgerhaus", die „Curie der Erfurter Gemeinde", das „Prä=
torium" genannt, in stolzer Erinnerung an Formen und Klänge
des römischen Alterthums, wie man die Rathsherrn urkundlich
selten anders bezeichnet, als die „Consuln". Nicht, wie fast alle
Bürgerwohnungen, aus Holz, sondern aus Stein ist es gebaut;
solid und sauber strebt der bereits fertige Haupttheil mit dem
Audienz= und Verhandlungssaal der „Dörnze"[13] in die Höhe. In=
zwischen schafft man schon für weiteren Aus= und Anbau das nö=
thige Material herbei; noch fehlt ja der Geldthurm, um die Stadt=
kasse in sichersten Verwahrsam zu bringen, der Rathskeller, den
man doch dicht dabei wünscht, und ein besonderer Marstall für die
Pferde, die der Rath für Gemeindezwecke zu halten hat. Das
Hospital wird angrenzende Gebäulichkeiten hergeben und sich bei

den Langen Stegen Ersatz suchen müssen, die Krämer „unter den Lin=Gaden", die bis ans Ende der „Straße" sich fortziehen und jetzt noch dicht am Rathhaus ihren Handel treiben, werden am Ende auch weichen müssen.

Der Schuldthurm steht längst da und nicht jedem zum Trost, aber der Stadtgemeinde zum Segen. Was wollte früher der Mainzer Schultheiß dem Widerspenstigen anhaben, der, seiner Schuld überführt, den Freiboten einfach verlachte, wenn dieser ihm den Urtelsspruch kund that, in der gewohnten Frist der vierzehn Nächte seinen Gläubiger befriedigen oder auf ewig die Stadt räumen zu sollen? Wie übel stand es da um den Aufschwung des Handels und Gewerbes, mithin der Stadt überhaupt! Der mächtige Stadtherr, welcher Nichtachtung der Verbicte seines Gerichts mit aller wünschenswerthen Strenge vielleicht hätte ahnden können, wohnte ja so fern am grünen Rhein und war mit wichtigeren Dingen beschäftigt. Nunmehr ist es anders: nicht mit dem fernen Abglanz allerhöchster Reichsfürstenwürde, aber mit dem sofort treffenden Arm der Gerechtigkeit bedroht dieser Gefrundenausschuß der regierenden Vierzehn kaufmännischen Leichtsinn, vermessenen Trotz, und die Ansage des Freiboten bleibt nie mehr ein leerer Schall.[24] Der Schuldthurm des Rathes bildet einen werthvollen Grundstein der Stadtgröße.

„Unter den Tuchschlitzern" heißt die Gegend, wo nordwärts vom Rathhaus, ehe die breite Straße ihren Schluß erreicht, der lebhafteste Handel in Leinwand („Tuch") getrieben wird. Gleich auf das Rathhaus folgt ein ungewöhnlich großes Steingebäude, ihm gegenüber steht ein anderes mit offener Thorpforte, und Gruppen in grellbunten Faltengewändern, die Männer alle breitkrämpige spitz bethürmte hellgelbe Hüte auf dem Kopf, nähern sich ihr von innen. Juden sind es, die aus der Synagoge oder „Judenschule" über den „Schulhof" kommen. Das stattliche Haus rechter Hand bewohnt der große Geldmann Vivis, der sich mit Abraham von

Rothenburg auch in den Besitz des anderen theilt, durch welches Morgens und Abends die „Jüdischheit" zum Gottesdienst eintritt. Dicht vor dem ursprünglich vielleicht einzigen und so überaus handelbelebten Flußübergang ist hier die natürliche Wohnstätte für die rührigen Israeliten, die großen und kleinen Bankiers, denen kein canonisches Verbot das Geldleihen auf Zins untersagt, die allezeit erbötig sind auf sicheres Pfand, gegen guten Wochenzins ihre Casse zu öffnen, in deren Truhen sich die goldnen Altarkelche wie die Perlenschapel, die Juwelen des burggesessenen Edelmanns wie die silberbeschlagenen Schmuckgürtel von Bürger und Bürgerin ansammeln.

Hinter Viwis' Steinhaus zieht sich unweit des Mühlhofs die winklige Judengasse nach der Gera zu und großentheils zwischen dieser Stelle des Flusses und dem Martins-Hospital, nun auch dem Rathhaus, wohnen die Seligkind, Zalip, Meier, von Achen und wie sie alle heißen. Die andere Hälfte der Judenwohnungen dehnt sich flußabwärts, nördlich vom Aufgang zur Brücke an demselben Ufer aus, ohne daß die Christen sich scheuten auch mit daselbst zu wohnen, vielmehr ist eben hier das ansehnliche Haus „Alberts vor der Brücke". Wir dürfen schon einmal einen Blick hineinwerfen in die Krautgasse, wo der reiche Moses wohnt, und weiterhin nach den fast übers Wasser gebauten Häusern an den „Krutstein" d. h. Krautstegen: da stehen die vier Judenfleischbänke mit koscherem Fleisch, da haben die Juden ihr kaltes Bad und ihr massives Tanzhaus, das die Christen kurzweg das Judenhaus nennen."[18]

Durch die „Schildkröten"-Ueberwölbung der Benedicts-Kirche betreten wir die merkwürdige „Krämerbrücke". Hätten wir nicht soeben an den Krautstegen den Spiegel der Gera gesehen, wir würden nicht glauben, auf einer Brücke zu sein: wie eine Markthalle voll buntester und zum Theil kostbarster „Krämerei" nimmt sich die Doppelzeile der eng zusammenschließenden, nicht — wie wirs wohl

in anderen Gassen sahen — durch Bleichen getrennten „Kram=
häuser" aus, die als dichtestes Brückengeländer keine Wasserfläche
durchschimmern läßt und mit zwei geweihten Thorgewölben sich
beschließt, denn am andern Ende steht die Ilgen= oder Aegibius=
Kirche mit einem eben solchen Ausgang von der Brücke wie die
Benedicts=Kirche ihr einen Eingang auferbaut, und weder unter
diesem noch unter jenem findet man das Verkaufsgeschäft mit der
Würde des Gotteshauses unverträglich, fast in die Kirchen drängen
sich die Läben ein.

Noch ist die Brücke von Holz, und es ist dem Rath nicht
leicht gemacht, die furchtbare Gefahr der Wiederkehr einer Feuers=
brunst an diesem so viel Werthvolles umschließenden Ort durch
einen Umbau der Brücke in Stein zu vermindern, wie es seine
ausgesprochene Absicht ist, da jeder Fußbreit der mit Krämen zu
besetzenden Brückensäume seit Alters so werthvoll war, daß ihn
heimische wie auswärtige Stifter oder Klöster in richtiger Specu-
lation längst großentheils sich zu eigen gemacht haben und in der
gewöhnlichen Form der Verpachtung gegen Jahrzins ihren Gewinn ausbeuten. War doch noch vor drei Jahren selbst das Kloster Bürgeln jenseit der Saale im Besitz einer solchen Jahresrente
von der „Brücke in Erfurt"; ihm hat nun der Rath zwar endgültig diesen Zins abgekauft,[*] das hiesige Marienstift hat dagegen
den seinigen von drei Mark Silber nur vorläufig der Stadt ab=
getreten.

Jedes Brückenhaus ist ein Kaufhaus; wonach sich unser Herz
sehnt — hier können wir es haben, und das Seltenste, das Fernste
am ersten. Hier die fremden Tuchstoffe, Verwer und Dirdenbei,
Sammt und Seibe, dort duftige Specereien, Wachs, süßer Canbit,
Zuckermehl und Muschatin, Büchsen mit Pfeffer, Safran und Ing-
wer, und was mag noch alles im Hintergrund der dunkeln Ge-
wölbe verborgen sein! Ist es doch hie und da, als wenn des
Orients Schätze aus dem Füllhorn eines Zauberers ausgeschüttet

wären, so liegt es voll von Schmucksachen aller Art, von blinkenden Steinen und Korallen, buntfarbigem Glasschmuck und ächten Perlen. Schöne Verkäuferinnen versetzen uns durch ihre phantastische Kleidung, das überreiche Geschmeide, das auf ihrer Brust, an ihrem Arm freilich am vortheilhaftesten zur Schau geboten wird, auf den Bazar der fernsten Lande, und schüchterne Sprödigkeit ist ihr Fehler nicht, indem sie ihre Kostbarkeiten der neugierigen Welt, die hier ohne Unterlaß die Brücke auf- und niederzieht, anpreisen.

Sanct Ilgens Thor trennt Morgen- und Abendland; haben wir die mächtige Pforte hinter uns, so stehen wir wieder unterm freien Himmelszelt auf echt Erfurter Boden. Ein greulicher Geruch von fauligem und ranzigem Fleisch bringt gleich hier aus dunkler Ecke uns entgegen: ein Judenhut steckt über der eklen Waare, die gewiß nur für die Hunde, Wölfe und in die Bärenzwinger geholt wird. In wohlthuend abstechender Sauberkeit stehen dagegen in Reihen der linken Häuserseite benachbart die „langen" Fleischbänke an der „Futtergasse" hin, die jedoch erst in einiger Entfernung sich zur wirklichen Gasse schließt. Denn es ist abermals ein Marktplatz, auf den wir gelangt sind; dort drüben wohnt der Marktmeister selbst. Die Erfurter nennen diesen Platz nur ihren „wenigen", ihren kleinen Markt, und wohl geht es hier enger her als „vor den Graben", aber eben deshalb, weil da der wahre Bazar der Stadt in luftigen Holzbauten gleich einer dauernden Messe geschaffen ist.

Vor uns steht „der Wechselbank" mit den einzigen Geldbeuteln, die nie leer werden. Münzer sitzen am Bank und greifen die blanken Pfennige jüngster Prägung, ohne die sie sich nie dürfen betreffen lassen, aus den wohlgefüllten Beuteln, zählen sie auf den Tisch und streichen die Silberbarren ein, die der Fremde ihnen angeboten, um die auch außerhalb so gern angenommenen dünnen runden Silberbleche reinster Weiße mit dem Bischofsbild im Hohlgepräge dafür einzuwechseln. Die große Münzwage, der Seigäre, schwingt von früh bis Abend hin und her, da nur an dieser Stelle erlaubt ist Silber und Geld sich zu kaufen oder zu wechseln, und Bürger wie Gäste doch so häufig dessen bedürfen; über Jahresfrist behält ja die Münze nur für gewisse Zahlungen Gültigkeit, wenn man nicht „schlägeschatzen" will, und weit und breit hat kein Geldstück so sicheren Curs als der Erfurter Pfenning, zumal seitdem der Rath befugt ist des Erzbischofs Vizthum oder seinen Münzmeister bei der geringsten Wandelung der Münze an Schwere, lichter Farben oder Silberweichheit zu sofortiger Untersuchung der Münze auf dem Wechselbank unter Beisein von Kumpanen selbst zu mahnen.

Ganz wie wir es am Severberg fanden, steht dem Lederhaus auch hier ein Brothaus zur Seite. Indessen es zeigt solideren Bau, gegen alle Witterung schützende Wände. Der Rath hat es erst vor ein paar Jahren errichten lassen, und der Zins von den in geistlicher Hand befindlich gewesenen Verkaufsständen ist ihm hier von selbst zum Kauf geboten worden: die Stände oder Bänke, wie man sie nannte, waren so vernachlässigt, daß alle Bäcker die gebrechlichen Dinge verließen und ins neue Brothaus übersiedelten; für zehn Mark hat nun das Petersklosters seine acht Brotbänke, für acht Mark das Ichtershäuser Kloster seine drei und ein viertel dem Rath verkauft. Die Bäcker werden durch ihren nun seitdem der Stadtkasse statt den Klöstern zufließenden Zins die Unkosten des Baus bald wieder einbringen; des Rathes Strenge wacht aber gerade über sie am meisten, und auch sie spornt die gestattete Concurrenz der Fremden. Eben sind die beiden Brotschauer des Raths beschäftigt mit aller Unerbittlichkeit Größe und Gewicht der Brote zu prüfen, wie es allwöchentlich ihre Aufgabe ist; den Dank der Armen hat sich die neue Stadtbehörde durch nichts so sehr verdient als durch solche Fürsorge für das tägliche Brot: Pfenningbrote, sagt man, gibt es hier, die man anderwärts nicht für den doppelten Preis erhalten kann, so schmackhaft und so gesund sollen sie sein.

Am bezeichnendsten für den Gewerbfleiß der Stadt ist jedoch die lange Kaufgasse der „Gaden" neben dem Brothaus. Sind doch die Wollenweber die vornehmste Innung am Ort, und wer kennte nicht den Erfurter Waid! Da nirgends sonst in Läden oder auf freiem Platz vom ganzen Tuch geschnitten werden darf, so ist der gesamte Schnittwaarenhandel auf dieses Fleck eingeschränkt. Einen prächtigen Anblick gewährt nun auf so engem Raum die reiche Fülle der berühmten Erfurter Tuche: grobes und feines, leichtes und schweres, Tuch für jede Jahreszeit liegt in mächtigen Stößen wohl geordnet in den Gaden; der Arme findet hier sein schlichtes graues Zeug zum Rock, der Reiche die erwünschteste Auswahl in Stoff, Farbe und Muster. Außer am Niederrhein und in Gent sieht man wohl kaum so fein gewebten gelben Fritschal, und der Ritter liebt ihn gar sehr zum Waffenrock; in düsteren rothen, braunen, blauen Schattirungen entrollt man Ballen von Brunat und Scharlat, daneben Stoffe mit grünen Streifenverzierungen seltsamster Zeichnung, denn gar mannigfaltige Färbungen verstehen die Weiter den Tuchen mitzutheilen, sie haben längst die Wirkung von Beize und Waidbrühe, von anderen Farblösungen wieder auf die blauen („weitenen") Farbentöne erkundet.

Acht und vierzig Kammern zählen wir linker Hand, und rechts sind es wohl kaum weniger. Alles, was man zur Kleidung braucht, kann man hier fertig kaufen oder sich machen lassen; nur leinene Kleidungsstücke giebt es nicht in den Gaden, wohl aber sehen wir Leinweber mit ihrer Hände Werk sich vom „Gewandschneider" Wollenstoff eintauschen. In der einen Gegend der Kaufgaden bieten die Kürschner Pelze und Pelzröcke feil; mehr indessen haben bei jetziger Jahreszeit die Schneider zu thun, die in der Mitte der rechten Gadenreihe fleißig die Nadel führen: so viel Tuchstücke fallen ihnen beim Zuschneiden der neuen Wämmse ab, daß mit den hier gesammelten Tuchlappen Handel getrieben wird. Was sie aber von Kleidungsstücken fertig liegen haben, erweckt auch von ihrer höheren Kunstfertigkeit keinen schlechten Begriff: wunderschöne Blumen und Arabesken haben sie eingestickt, es sieht fast wie ein Gemälde aus.

Bis an die Bülze sind wir so, vom vielen Ausschauen nach all den Herrlichkeiten ordentlich müde, allmählich herangekommen. Vor uns steht das Haus „Tausendjahr", wir wenden uns um die Ecke in die Bülze selbst hinein und schreiten bei Biterolfs Wohnhaus und bei der „kalten Herberge" vorüber der Lorenz=Kirche zu. Da stimmt droben der Lorenz=Glöckner mit ein in den melodischen Abendsegen, den in friedlichem Chor alle Kirchenglocken über Stadt und Flur, über Gerechte und Ungerechte versöhnend erklingen lassen, gleichwie die untergehende Sonne ohne Vorzug alles, was sie erreichen kann, in ihr mildstrahlendes Licht einhüllt. Der Schmied legt nun den Hammer nieder, der Schreiner schließt die Werkstatt zu, die „Hausgenossen" am Wechseltisch bringen ihre schweren Beutel in Sicherheit und die Gabenschneider hören auf zu sticheln und zu nähen.

Aber nicht bloß dem Tag, auch der Woche ist der Abend nun beschieden. Man wartet noch der Kühe und der Schafe, die der Hirt von der Stadtmark hereintreibt; ungeführt finden sie ihren Herrn, der ihnen schon den frischen Trunk zurecht gestellt hat und sobann als pflichtgetreuer Hausbesitzer vor seiner Thür zu „trücken" anhebt. Endlich wirds selbst auf der Gasse etwas reinlich, das Flußwasser strömt hülfreich in die Klingen ein, denn die Kerlingersche Mühle braucht die Triebkraft jetzt nicht mehr.

Kein Mühlrad in der ganzen Stadt dreht sich weiter, der letzte Hall der Dom= und Petersglocken ist verklungen, noch hört man bann und wann ein muntres Lied von weitem über die Häuser herübertönen, bis mit dem nächtlichen Dunkel tiefes Schweigen sich über Platz und Straßen breitet. Das leise Wasserrauschen in

Fluß und Klingen ist der einzige Ton, der nicht erstirbt, wenn um Mitternacht der Vollmond in der Silberkuppel des Klosters auf dem Berg sich spiegelt.

Bürger und Bürgerinnen.

Wäre es uns doch vergönnt, das Leben im Inneren der Häuser so belauschen zu können, wie das Treiben auf Gasse und Markt sich beobachten ließ!

Aber wer führt uns über die Schwelle des schlichten Bürgerhauses in den „Eren", wie man das Erdgeschoß nannte, in welchem allein das Feuer brennen durfte im Ofen und auf dem Heerd, wer geleitet uns die Stiege hinauf in die „Loibe" oder Laube, wie man des Hauses Oberstock gleich der herrlichen Landeshebung des Thüringer Waldes nannte? Kaum in das ärmlichste Häuschen — und selbst der Arme pflegte sein eigenes zu haben — ist durch das kümmerlichste Fensterchen so wenig Tageslicht in die enge Kammer gefallen, als der Geschichte Licht es vermag, die Stätte zu erhellen, wo im dreizehnten Jahrhundert das innige Familienleben der Deutschen — der treu bewahrte Schatz des Volkes von urältestem Erbe — in geräuschloser Stille alte Sitte pflegte und neuen Werken gehobener Bildung eine treue Mutter war.

Auch in den „Burgfrieden" des damaligen Erfurters, wie er und seine Nachkommen bis in Luthers Zeit seinen Hausfrieden, sein eigentliches Daheim selbstbewußt nannte, fallen nur Streiflichter. In umfassenderer Weise bringen uns nur die Familiennamen Sinnen und Thun, Scherz und Spott der Bewohner näher. Denn früher als in vielen anderen Städten, früher selbst als in solchen, die wie Frankfurt der alten Culturgrenze des Rheins viel weniger fern lagen, hat man in Erfurt die bei regerem Menschenverkehr so hinderliche Gewohnheit der Vorfahren aufgegeben, einander bloß beim Vornamen zu nennen. Nicht auf den Dörfern, aber in der Stadt zwang ein immer schneller werdendes Zunehmen der Bevölkerungszahl den Konrad und den Heinrich dadurch von den Hunderten andrer Konrade und Heinriche zu unterscheiden, daß man seinem Taufnamen einen Beinamen zufügte, der dann bald durch jene Uebergangsstufe, auf der die Hellenen stehen blieben, den Sohn durch Mitnennung des Vatersnamens im Genitiv näher zu bezeichnen, öfter wohl auch unmittelbar zum Familiennamen wurde.

Nicht als ob man unter sich bei mündlichem Verkehr aufgehört hätte, ausschließlich beim Vornamen sich zu nennen, wie denn auch das allgemeine Du natürlich zwischen Bürger und „Gegenbürger" herrschte; indessen beim Niederschreiben des Namens auf das Pergament von Kauf- oder Zinsbrief vergaß man schon im dreizehnten Jahrhundert für gewöhnlich nicht, den Doppelnamen zu setzen, wobei freilich nicht zu vergessen ist, daß wir mehr den Vornehmeren in Urkunden begegnen.

Es ist ein Beweis für das verhältnißmäßig frühe Erblühen städtischen Lebens in Erfurt, daß die Entstehung bürgerlicher Familiennamen daselbst sicher bis ins zwölfte Jahrhundert zurückreicht; sie haben deshalb für die Frage nach der Entstehungsweise unserer deutschen Familiennamen überhaupt ihre Bedeutung. Hier indessen wollen wir nur das Bürgerleben der Stadt im dreizehnten Jahrhundert, so weit das möglich ist, in ihnen sich widerspiegeln sehen.

Gleich das erste Verzeichniß einiger zwanzig Erfurter Rathsbürger von 1212 zeigt uns nur noch einen Reinhold ohne Beinamen, sonst alle nach örtlicher Herkunft, Abstammung, Geschäft oder irgend welchen Eigenthümlichkeiten näher bezeichnet. Brauer, Löwer, Marktmeister, Münzer stoßen uns gleich hier als nahezu wichtigste Personen auf, ohne die das damalige Erfurt nicht zu denken wäre; und wir dürfen vielleicht annehmen, daß die vier also genannten auch das trieben, was ihr Name sagt. Daß die Erfurter schon damals Gemüsefreunde waren, besonders auf Kunst etwas hielten, beweist uns Heinrich der Kompster; und so gemüthlich konnte man seine Tage hier verleben, daß dem Eberhard und all seinen Nachkommen das Wort „Gemächlich" zum Geschlechtsnamen geworden war; der Hartung Moß aber deutet auf einen anderen Zug des alterfurtischen Charakters: die heftige Leidenschaft, den Kampfeszorn, denn Moß hieß mitteldeutsch die ritterliche Begegnung im Zweikampf, wie das berühmte Rathsgeschlecht der Hotermanne nach der rasch zum Schwert greifenden Leidenschaftlichkeit eines Urahnen (altsächsisch hôti = feindselig, ungestüm) benannt scheint, Rudewik (Brülleschlacht), Dreißigmann, Mengot (Volksschaar) auch auf den Kampfplatz weisen. Berthold nannte sich nach seiner Wohnung „vom Steinweg", andere aber von ihrer früheren Heimath, aus der sie nach Erfurt gezogen, der eine sogar „von Göttingen". Skonezagel (Schönschwanz) und Gänsefuß waren wohl Spitznamen, doch auch sie wurden erblich. Daß man noch in Ermangelung des Beiworts den Konrad von anderen als Werners Konrad unterschied, weil sein Vater Werner hieß, kann in dieser Uebergangsperiode von der einfachen zur Doppelbenennung nicht auffallen, vielmehr dagegen, daß man in dieser Zeit öfter dem Sohn den mütterlichen Namen im Genitiv beigab, so „Sibold Sohn der Frau Guten", „Dietrich der Frau Vertrabis".

Wie sich noch geraume Zeit vor dem Schluß des Jahrhunderts die Sitte der Doppelnamen, wenigstens unter den vornehmeren Familien der Stadt, zur herrschenden gemacht hatte, lernen wir aus einem urkundlichen Verzeichniß der „Gefrunden" — so nannten sich auf Freundschaft, Verschwägerung, Standesebenbürtigkeit zugleich hindeutend die rathsfähigen Bürger — aus dem Jahr 1288 [2]. Unter vollen 248 Namen, die jenes Pergament aufweist,

ist noch ein Gottfried, ein Wipert und ein Rupert, sonst kaum
noch einer mit gewöhnlichem Vornamen allein aufgezeichnet; zwar
liest man außer jenen 3 noch 14 einfache Namen, sie geben jedoch
fast durchweg gerade umgekehrt wie früher nur den Zunamen,
z. B. Giferling, Duringbert. Bei weitem die meisten (beinahe
66 %) sind nach der vorigen Heimath ihres Geschlechts genannt;
sie zeigen uns Erfurt als den mächtigen Anziehungspunkt für ganz
Thüringen: nicht nur fast alle umliegenden Dörfer, sondern auch
die ferneren Städte des Landes haben ihr Contingent zur Zusam=
mensetzung dieser Central=Bürgerschaft gestellt; über Harz und
südliches Waldgebirge, Saale und Eichsfeld führen die Herkunfts=
namen dagegen selten, obwohl man auch einmal einen Leipziger,
Coburger oder Lichtenfelser, Bamberger oder Wirzburger, einen
von Eger findet. Daher rührt es wesentlich, daß 169 von den
248 Bürgernamen das „von" führen. Nur noch 11 Familien
unter den aufgeführten nennen ihre Mitglieder patronymisch, ein
Heinrich heißt „Jacobs Bruder", und die Familien Kerlinger und
Hotermann schwanken in dem Gebrauch der genitivischen und no=
minativischen Bezeichnung.

Ueberschauen wir nun die Gesamtmasse der auf uns gekom=
menen Namen der Erfurter des dreizehnten Jahrhunderts, so tritt
uns zunächst die auch anderwärts bestätigte Thatsache entgegen,
daß unsere mittelalterlichen Bürger die körperliche Erscheinung
wohl zu würdigen verstanden, daß sie dem Lahmen, dem Kahlen,
dem Schieler, dem Mageren, dem Kleinen wie dem Langen, dem
Schwarzen, Braunen, Weißen und Rothen gleich seinen Namen
anhingen; neben jenem Gänsefuß neckte man einen andern mit
„Ziegenfuß", auch „Stist" mochte ein Spitzname sein, etwa auf
ungewöhnliche Kleinheit und Dünnheit des Körpers bezogen; die
Wittwe Stowenfuß erinnert unwillkürlich an die Stowesingerline
d. h. die hübschen Schauringe, die gewiß in manchem Laden der
Fingerler=Gasse die Blicke Kauflustiger fesselten. Aber der Cha=

rakter, die sittlichen Vorzüge und Gebrechen blieben dabei nicht verborgen: die Himiltrute (Liebling des Himmels) war ein schöner Name für eine Frau, Eisenhart und Hotermann ziemten nur einem Mann; schlimmer waren Namen wie Teufel und Halbteufel, Trunkenbold und Gustere (Prahler), aber sie mußten getragen werden und verloren im täglichen Gebrauch, was ihnen ursprünglich an Härte eigen gewesen. Den Wein liebte man sehr; einer hieß Mendewin d. h. Freudenwein, und „Liutwin" (Läutewein) beweist, daß man auch in Erfurt die Weinglocke kannte. Zu dem Gemächlichen und zu dem „Ruwe" (Kummer) gabs auch einen ausgelassen Lustigen, der sprang vor Freuden („Sprungel"), und neben dem prahlerischen Schreier einen Quitelere, der nur ganz leise sich vernehmen ließ.

Seltsame, unerklärliche Namen wie Birtasse, Neunherze begegnen auch; sie beide blieben an Grundstücken haften, welche die so benannten Bürger besessen hatten, so daß man z. B. noch bis in neue Zeit ein Haus die Biertasche nannte, welches um 1293 dem Rübeger Birtasse gehörte. Nach Megenberg (Riesenberg) hieß eine ganze Gasse, die spätere Meimber-, jetzige Eimergasse. Was aber bedeutet der offenbar imperativisch geformte Name Springinsgut?

Sogar eine völlige Umwandelung des Namens von Mitgliedern einer Familie des Gefrundenabels läßt sich gegen Ende des Jahrhunderts in ihrem Ursprung verfolgen: einige derer „von Mühlhausen" fangen da auf einmal an sich ganz griechisch „der Margaretha" oder „der Frau Margaretha" (wie oben „der Frau Bertrabis") zu nennen, was zu „For Margarethen", „Vor Marethen" dialektisch verkürzt, schließlich nach Wegwerfung des alten „von Mühlhausen" zu dem solchen Verwandtschafts-Zusammenhang gar nicht ahnen lassenden Adelsnamen „von der Marthen" geführt hat."*

Von Thieren hergenommene Namen sind nicht häufig: einen

Bürger nannte man den Wolf, einen andern den Fuchs, einen dritten gar Ferkel; auch ein „Eselere" (Eseltreiber) und ein „Rabenolt" (Rabenfreund) wird erwähnt. Gewächse des Küchengartens, der Hecke und des Feldes verrathen uns nur Porrech oder Porrich, Hayborn (Hageborn) und Manegold, wenn man nicht in Gänsefuß einen zweiten Melbennamen erkennen will. Die Welt der Sage ist mit „Schwanring" noch schwächer vertreten.

Praktische Prosa lebt vorwiegend in diesen alten Bürgernamen neben neckischem, auch derbem Witz, der sich gar bis zu einem „Fister" („Vistir") verstieg. Der sehr alte Familienname Weißkorn erinnert an Pfefferkorn, Vierderling war von der Theilung der Silbermark in Viertel entlehnt, Kesselborn, Vendel (Band) und Gerstenscheffel waren noch hausbackener.

Ganz vorwiegend lassen die Namen das Leben in der Stadt als ein bem Gewerbfleiß gewidmetes erkennen, zu dessen Beginn man den Schutz der festen Mauern von weit und breit aufsuchte. Abgesehen von der schon im zwölften Jahrhundert beliebten Bezeichnung nach der Wohnung in der Stadt — wie „von der Mauer", „vom Burgthor" (wohl St. Moritz, das wie das Krampfenthor öfter so genannt wurde), „vor der Brücke", „vom Wenigen Markt", „von der Bülze", „vom Brühl", „vom Aspech" (Espich), „von der Kirschlache" —, sind es daher fortwährend die Namen der vormaligen Heimath oder die Beschäftigungen, welche zur Unterscheidung der Einzelnen, dann ganzer Geschlechter führten.

Ohne auf die hundertfältigen Ortsnamen näher einzugehen, erwähnen wir nur den Namen der Stadt Gent, der als Herkunftsname einer Erfurter Bürgerfamilie vorkommt — für die Beziehung der Erfurter Wollindustrie zu der niederländischen vielleicht nicht ohne Bedeutung — und die wenigen Stamm- oder Volksnamen, die sich finden: Jude, Slave, Reuße, Sachse, Schwabe und Franke. Die Familie Kerlinger, die so oft in Rathsmeisterstellen dieser Periode auftritt, könnte ebenfalls nach Abkunft aus dem karolingischen Westen, mit welchem einst Erfurt so innig verbunden war, ihren Namen empfangen haben, indessen liegt wohl die Ableitung desselben von dem eines Urahnen Karl wie bei dem Geschlecht des gewaltigen Kaisers selbst näher.

König und Kaiser, Markgraf und Herzog, Legat und Bischof, Klausner und Mönch, Vogt und Burggraf als Erfurter Bürgernamen nützen uns zwar für die Einsicht in die bürgerlichen Verhältnisse der Stadt wenig, da sie fast sämtlich unbekannten Zufälligkeiten und Anspielungen ihren Ursprung verdanken; nur der Name Vogt konnte sich etwa daher schreiben, daß sein Träger „Vogt des Gräfen" d. h. Gerichtshalter im Vogtsgericht für den Grafen von Gleichen war, wie denn die Gesfrundensamilie Vitzthum in Erinnerung an einen für den Vitzthum von Apolda den Gerichtsstab haltenden Ahn sehr treu an der genitivischen Form Vicedomini hielt. Eine sehr viel höhere Bedeutung haben hingegen die auf unzweifelhafte bürgerliche Beschäftigungen gehenden Namen. Auf ganz wilden Boden, auf dem Baumstümpfe ausgerodet werden müssen, um der Cultur Platz zu machen, versetzt uns „Rodestock"; wie man ehemals wohl auf jedes Haus Stroh (noch jetzt in Niederdeutschland: Schof) deckte zum Schutz gegen die Kälte, läßt „Lekesloup" und „Frau Lekeschoyben" ahnen, die zugleich mit dem wenigstens altmittelhochdeutschen leke, lecke (für lege) das Alter ihres Familiennamens erweisen. Wir würden Gefahr laufen uns etwas Falsches unter den „Handwerkern geheißen Erkerwere" zu denken, die 1275 um ihre sechzehn Verkaufsstände unter der „Schildkröte" von St. Benedict mit dem Pleban dieser Kirche stritten, wenn sie uns nicht der Eigenname „Erchgerwere" als Bockledergerber verriethe, und wir nicht wüßten, daß Bockleder gerade um jene Zeit das geschätzteste Material für die Erfurter Schuhmacher gewesen ist.

Müller, Schmied, Kupferschläger (wie Goldschläger für Goldschmied), Fleischer, Metzler (Metzger), Filzer, Gürtler, Schneider,

Schüsseler, Maurer, Käller, Ziegler würden uns als Erfurter
Eigennamen nicht mehr wie die schon erwähnten Brauer und
Löwer interessiren, wenn nicht jene sämtlich in dem Gefrunden=
Katalog von 1288 (einige, namentlich Schmied, sogar mehrmals)
wie diese unter den Gefrunden von 1212 vertreten wären. Da
die so Genannten ohne Frage entweder selbst das Geschäft, nach
dem sie hießen, betrieben oder mindestens einer ihrer Vorfahren
dieses that, so führt uns dieser Umstand vor die noch ungelösten,
auch wohl nie völlig lösbaren Räthsel hinsichtlich der Theilung
der Bürgerschaft in gewisse Stände und Berufsklassen.

Fest steht die Thatsache, daß die Gemeinde sich schied in Re=
gierende und Regierte, ja daß man im eigentlichsten Sinn nur
die ersteren „Bürger" d. h. Städter nannte. Es sind „die vor=
nehmeren Bürger", die schon 1203 der Prätendent Luitpold vor
der übrigen „Volksmenge" zur Beschaffung des erforderlichen
Kriegsmaterials im Kampf gegen die welfische Partei heranzog;
es sind diejenigen, denen auch vor 1255 „von den Vorfahren die
Verwaltung des Gemeinwesens anvertraut worden war." Auch
seit der Vermehrung der jährlich regierenden Rathsmannen auf
24 und der immer regelmäßigeren Befolgung des Brauchs, erst
nach fünf Jahren dasselbe Rathscollegium von neuem die Geschäfte
übernehmen zu lassen, befand sich zwar von den weit über 200
Gefrunden=Familien noch nicht die Hälfte in wirklichen Besitz der
Kompanen=Würde, alle jedoch werden wir uns als zum Ersatz
etwa aussterbender oder wegziehender Rathsgeschlechter berechtigt
und an allen ehrenden Auszeichnungen des gesamten Standes theil=
nehmend zu denken haben.

Der übrige Theil der Gemeinde, den man nachmals allein
„die Gemeinde" nannte, befaßte, abgesehen von den Bewohnern
der Vorstädte, die „Viertel" und die „Handwerke". Unter den
Vierteln verstand man die Gesamtheit der nicht zünftigen Bürger
der eigentlichen b. h. der Alt=Stadt, wie sie in den zwei Vierteln

auf dem rechten und den zwei Vierteln auf dem linken Ufer der
Gera wohnten, unterschieden von den Mitgliedern der Handwerke
durch ein ganz eigenthümliches Vorrecht: das des „eigenen Bie=
res", also durch Braugerechtigkeit. Das ganze Mittelalter hindurch
waren die zünftigen Handwerker Erfurts ausgeschlossen von dem
Besitz der Biereigenhöfe, in denen allein gebraut werden durfte,
sie konnten nie „Biereien" (Biereigen d. h. Biereigenthümer) wer=
den, sie mußten sich fremdes Bier kaufen.

Schon im dreizehnten Jahrhundert durchschritt gravitätisch
der „Bierrufer" Erfurts Gassen und ließ sein „Hol' in! hol' in!"
erschallen, den Bürgern kund zu thun, welcher Biereige „sein Zei=
chen vorgestoßen", die befahnte Stange, als Symbol, daß allhier
frisches Bier aufgethan sei; denn nach fester Ordnung, die der
Rath genau überwachte, ging das Bierausthun Reihe um. Daß
wenigstens der größte Theil von den nicht zünftigen Männern
der Gemeinde Biereigen waren — woneben sie ja immerhin noch
anderen Geschäften nachgehen konnten — beweist die aus späterer
Zeit überlieferte Verordnung: der Mann aus den Vierteln, der
seinen Harnasch d. h. sein Rüstzeug (wie Spieß und Eisenhut)
nicht rechtzeitig im Stand hat, solle zur Strafe „sein Bier" nicht
schenken dürfen, während dem zünftigen Mann dafür sein Hand=
werk niedergelegt werden soll." War demnach den Viertels=Kum=
panen der Besitz eines Biereigenhofs so charakteristisch wie dem
Innungs=Kumpan sein Handwerk, so kann es nicht Wunder neh=
men, später 632 solcher Biereigenhöfe in der Innenstadt zu finden;
denn in den Vorstädten (das Trostgericht ehedem jedoch ausge=
schlossen) durfte niemand Bier feil halten. Vielleicht hat es auf
der Welt nie einen gleich beschränkten Raum gegeben, der eine
solche Masse von Brauereien umschloß, als Alt=Erfurt. Obgleich
auch genug Wein verzapft wurde, bildete doch wohl der Gersten=
saft das Hauptgetränk in den „Tabernen", zu denen sich minde=
stens zeitweise also jeder der Biereigenhöfe gestaltete; und dann

versteht man es, wenn um 1283 kaum irgend eine Gasse in Er=
furt ohne fünf bis sechs Tabernen gewesen sein soll, wenn sich zu
fünfhundert die Kneipenknechte zusammenrotteten, mit Knüttel und
Schwert bewaffnet durch die Straßen zogen, mit Steinwürfen die
Thüre desjenigen erbrachen, der ihrer Ansicht nach widerrechtlich
Bier verschenkt, ja ihm das Leben bedrohten, wenn er sich nicht
willig in ihre Gefangenschaft gab.

Um Bier und Wein drehte sich zum guten Theil das Leben
unserer alten Stadtbewohner überhaupt, der Erfurter ganz beson=
ders. „Die Schlunze", wie man nachmals immer ihr schwarzes
Dickbier nannte, war der Gegenstand ernsthafter Beschäftigung des
eigentlichen Bürgers außerhalb der Zünfte, der Gegenstand der
Sorge des verwaltenden Rathes, der Gegenstand der Erquickung,
der Labsal für jedermann. In der Taberne bei Wein und Bier
lernte man früh die Nothwendigkeit kennen, den Menschenverkehr
an Recht und Sitte zu binden. Einer der ältesten Rechtsbräuche,
die uns überliefert werden, war es, daß der Zecher erst seinen
Pfenning oder Scherf hinlegen mußte, ehe der Wirth oder sein
Knecht ihm die Weinkanne, den Bierbecher vorsetzte. „Wer des
andern Wein oder Bier trinket und geht des frevenlich hinweg
unbezahlt, der soll zehen Schilling geben und soll acht Tage räu=
men die Stadt und soll herein nicht kommen, die zehen Schilling
seien geleist und dem Wirth sein Wein oder sein Trank vergol=
ten" — diese Bestimmung des berühmten Erfurter Stadtrechts,
der „Willkür", bestand schon im dreizehnten Jahrhundert, und
dem Gesetz war längst die „Sitte der Alten" vorangegangen
„Trinken dem zu verbieten, der nicht Geld gibt". Ja der älteste
deutsche Reim, den wir aus Alt=Erfurt übrig haben, bezieht sich
auf diese ehrwürdige Sitte der Väter, vor der kein Ansehen der
Person, der Stattlichkeit von Kleidung oder Wuchs bestehen solle:

„Stand man lort aber lank —
Gilt Drank oder ga dar be Gans drank!" [30]

Tranken sie auch nie „eigenes Bier", so standen doch selbst=
bewußt und mit gerechtem Stolz auf ihrer Hände fleißiges, oft
kunstfertiges Schaffen neben den Viertelsbürgern die Handwerker.
„Eine tapfere Schaar" wird uns das Gewerk der Fleischhacker
oder Fleischer genannt; wie gut die Bäckerwaare Gesunden und
selbst Kranken bekam, erfuhren wir bereits. Als vornehmste aller
Innungen jedoch fühlte sich die der Wollenweber; sie dünkten sich
die wahren Handelsleute der Stadt zu sein, und in ihren „Kauf=
manns=Kammern" des Wenigen Marktes sahen wir ja auch wirk=
lich die berühmtesten Erzeugnisse des Erfurter Kunstfleißes aufge=
stapelt. Gerade sie sind ein Beispiel, wie auch in Erfurt die
Innungen gar nicht bloß gewerbliche Verbände waren, sondern
kleine Gemeinden in der Gemeinde: selbst auf dem Kampfplatz
stritten die Innungsgenossen gemeinsam, und die Erfurter Weber
hatten den Ruhm, einst, als die Dörfer weit in der Runde flamm=
ten, allein die Uebelthäter — keinen geringeren als Diezmann,
des Landgrafen Sohn, mit seinen Ritterhaufen — von der Stadt
zurückgeschlagen zu haben, so waffentüchtig und so zahlreich wa=
ren sie.

Zweihundert Beile von Schreinern und Zimmerleuten berei=
teten das mannigfaltige thüringische Holz zum Nutzen des Men=
schen: die Kemenate zu friedlicher Wohnung wurde gerichtet, die
Blide zum Schutz des Stadtfriedens gegen friedhässige Grafen
und Herrn gebaut; einer rivalisirte mit der Unverdrossenheit der
Waldmänner, Flechtwerk und all die Küchen= und Tafelgefäße zu
liefern, die man damals meist nur aus Holz gebildet kannte, ein
anderer machte Kisten und Laden, Bettsponden und Sessel, Rabe=
beren und Krippen, fügte die Felgen zum Rad zusammen, wieder
ein anderer entwickelte aus dem Handwerk die Kunst, indem er
Kandelaber mit reichem Schnitzwerk zierte, wohl selbst für das
Gotteshaus die Kanzel auf das schönste formte.

Auch die Schilderer, die seit Alters neben dem Schild den

Sattel beleberten, Riemerei und Rüstzeug mancher Art herstellten, waren durch Schildmalerei zu Künstlern geworden und arbeiteten überaus buntfarbige Schildereien auf Bestellung.

Keine Innung jedoch verschiedenartiger in ihren Schöpfungen als die der Schmiede, zu der alle mit Hammer und Zange arbeitenden Gewerkschaften gehörten, der Münzer der vornehmen Hausgenossen=Gilde also eigentlich ebenso gut als der Grobschmied, der Goldschmied so gut als der Glockengießer. Wie weithin berühmt war nicht diese Innung! Nicht nur die herrlichen Glocken auf den Thürmen der Heimathstadt verkündeten mit ehernem Mund den Kunstfleiß der Erfurter Gießer: das Ausland lieferte den Rohstoff an Zinn und Kupfer, Erfurt ihm die wohltönenden Glocken daraus; förmlichen Glockenmarkt hielt man hier ab, und zollte bei großen Glocken, die neben dem Hauptohr auch noch Nebenöhre hatten, von jedem der letzteren einen Pfenning. Gewiß gingen auch Schlüssel und Riegel, Messer, Spangen, Sporen und Zäume mit anhängenden Ketten, wie sie die Erfurter Schmiedewerkstätten lieferten, ins Ausland; am gesuchtesten jedoch waren wohl die feinen Schmucksachen und Prachtstücke, zu denen die mit unter der strengen Controle des Münzmeisters stehenden Goldschmiede das Gold „schlugen", das zum Theil die hiesigen „Staubwäscher" erst aus dem Goldstaub durch Schlemmen aussonderten und auf ihrer „Esse" in Klumpen verschmolzen. Die alte Germanensitte aus Stierhörnern zu trinken war noch unvergessen, bei den Erfurter Goldschlägern konnte man solid in Gold getriebene kaufen; viel Nachfrage fanden aber auch die modernen Luxusartikel für Frauenschmuck in Gold, Silber und Bronze.

Genossenschaftlich wohnten die meisten Handwerke zusammen: Hüter (Hutmacher), Weißgerber, Löwer, Pergamenter in den Gassen, die noch zur Stunde ihren Namen tragen. Und für manchen Gelehrten christlichen und jüdischen Glaubens ist in der Pergamentergasse das Schaf= oder Ziegenfell zum Schreibmaterial verarbeitet worden; vollends zu den Beurkundungen durch zuverläſſigen „Brief" brauchte faſt ein jeder in ſeinem Leben dann und wann Pergament; denen, welche nicht ſchreiben konnten, halfen Schreiber um Lohn aus. Der Steinhauer drang in die ſeit Aeonen ruhenden Kalkſchichten des längſt geſchwundenen Muſchelkalkmeeres ein und lieferte dem Steinmetz den Stoff, der Gerber arbeitete für Schuſter und Gürtler, dieſe ſamt Kürſchner und Schneider für alle.

Was aber trieben nun die vornehmen Geſrunden? Ab und zu mochten allerdings die Verwaltungsgeſchäfte ihre Zeit vollauf in Anſpruch nehmen, indeſſen natürlich nur während des Jahres der wirklichen Amtsführung, und auch nur bei denen, welche der Ehre Rathsmitglied zu ſein gewürdigt wurden. Ihre Geſchlechtsnamen ſind eigentlich ſchon Beweis genug, daß ſie trotz ſcharfer Standesſcheidung, die wenigſtens nachmals mitunter zu ehelicher Scheidewand zwiſchen ihnen und denen der Gemeine führte, mit letzteren die bürgerliche Beſchäftigung mannigfachſter Art theilten." Den Irrthum wird man mehr und mehr ablegen müſſen, als ob die „Patricier" unſerer alten Städte Handel und Gewerbe zu pflegen unter ihrer Würde gehalten hätten, ein Ritteradel von Nichtsthuern geweſen ſeien; desgleichen aber auch den nahe damit verwandten, daß das Handwerk immer nur auf die Grenzen des jedesmaligen Innungsverbandes in älteſter Zeit beſchränkt geweſen.

Als große Mühlenbeſitzer ſind die Erfurter Geſrundengeſchlechter Kerlinger und von Halle bekannt; was hindert uns, ſolche Mühlenbeſitzer als perſönlich bei dem Mühlenbetrieb mit beſchäftigt zu denken? Sie mögen wie ihre „Geſrunden", die ähnlichen Gewerben nachgingen, auf der Grundlage größeren Reichthums viel größere Geſchäfte gemacht, darum auch Geſinde zu niedrigeren Dienſtverrichtungen in größerer Zahl ſich gehalten haben als die kleinen Gewerbtreibenden der Zünfte und die Kleinhändler, aber gewiß haben ſie auch ſelbſt Hand ans Werk gelegt. Darauf beuten noch zwingender als jene Einzelnamen von Geschlechtern, wie Schmied, Schneider, Kupferschläger, solche Anführungen von Rathsbürgern hin, die neben dem gewöhnlichen Herkunftsnamen geradezu ihr Gewerbe angeben. Wie hätte man den vornehmen Bertold von Molhusen, der 1293 sein Haus bei den Schotten unweit des Wenigen Marktes hatte, Schneider nennen können, wenn er nicht eine Schneiderwerkstatt gehabt? Was hätte sonst der inhaltslose Zusatz für einen Zweck gehabt, da sein Vorname ihn auch von den anderen Molhusen hinreichend abgrenzte?

Wer sich von der Anschauung einer Unverträglichkeit des Gewerbes mit dem Patriciat befreit hat, für den gewinnen solche Zusätze zum Namen erst Bedeutung und Leben, ja man schrickt dann nicht mehr vor dem Gedanken zurück, daß ebenfalls jene einfachen auf ein Handwerk zielenden Namen von vornehmen Bürgern den Erwerb der letzteren andeuten, daß z. B. ein anscheinend so niederer Lebensberuf, wie das Wirken von Filzdecken und dergleichen aus Thierhaaren, unter den Löwern gekauft, im Namen Filzer ausgesprochen sein könne, der im Gefrunden=Verzeichniß von 1288 sogar zweimal vorkommt, wo man den einen Filzer von dem ihm wahrscheinlich ganz unverwandten anderen dadurch unterschied, daß man ihn „von Schmiedstedt" nannte. Dann erst wird es interessant zu erfahren, daß die Gefrunden=Brüder Dietrich und Heinrich von Gottern mitten unter den Juden bei einer Badestube, die an der Gera hinter dem Rathhaus lag, ein Backhaus halten, daß der Gefrunde „Murere" gegenüber dem Rathhaus seine steinerne Kemenate bewohnte, die er sich vielleicht selbst gemauert, daß die Ziegler, im Namen gut zu Maurer und Käller passend, sich wirklich „vom Ziegelstein" (de latere) nannten, wenn sie in lateinischen Urkunden sich mit aufführten. Vollends daß die rathsfähigen Geschlechter der „vornehmen Nahrung" der Biereigen sich sogar besonders ergeben zeigten, ist — auch abgesehen von dem alten Rathsmann „Brauer" (1212) — aus späteren Jahr=

hunderten ganz sicher bezeugt, wo reiche Mitglieder der Familien von echtestem Bürgeradel in den Verrechtsbüchern regelmäßig als Waidhändler und Biereigen verzeichnet stehen, und für das Jahr 1290 wissen wir es aus König Rudolfs eigenem Munde.

Was die werthvollen „Verrechten" für unsere Erkenntniß der Vermögenszustände sämtlicher Bürger Erfurts in den neueren Zeiten leisten, das gewährt uns für das dreizehnte Jahrhundert nur ein einziges Pergament für einen Gefrundeu: das Testament Reinhards von der Bülze, der 1251 mit unter den „Bürgern vom Rath" erwähnt wird."

Ganz wesentlich in Grundbesitz besteht das Vermögen dieses wohlhabenden Mannes, der wohl für die Zeit der Ausstellung seines Testamentes, das Jahr 1265, eine Durchschnittsprobe in seinem Besitzstand für Vermögensverhältnisse der Vornehmeren d. h. vor allem der Reicheren der Stadt abgeben kann. Bares Geld hat er verhältnißmäßig viel: der Wittwe seines ihm gleichnamigen verstorbenen Sohnes vermachte er 100 Mark, also 48,000 Silberpfennige für seine Enkel; einem noch lebenden Sohn Dietrich gibt er einen gleichen Werth, freilich nur theilweise in barem Geld, anderntheils „in einem Gaden, in welchem er Tücher verkauft", vermuthlich also eine Gewandschnittkammer des Wenigen Marktes; im übrigen kommen ihm von Grundbesitz, besonders von Häusern, die anderen auf Erbzins vergeben sind, nach Abzug dessen, was er wieder an Kirchen und auf des Bischofs Tisch dafür zu zahlen hat, 10 Pfund und 2½ Schilling Geldes, d. h. 2430 Pfennige jährlich ein neben nur 6 Malter Zinsgetreide („Korngülte"). Dabei repräsentirte sein eigenes Wohnhaus bei St. Lorenz, das er seinem Schwiegersohn Harthmud Bitterolf legirt, ebenfalls jenes ansehnliche Capital von 100 Mark, und zwei andere, einem dritten Sohn Heinrich zugedachte, zusammen ebensoviel. Jedem seiner Söhne, sagt er, will er ein Vermögen im Werth von 100 Mark hinterlassen, aber wir sehen in sehr verschiebener Weise: der Schwiegersohn erhält den Haupthof, nach welchem der Erblasser wohl den Namen „von der Bülze" führte, Heinrich zwei geringere Häuser, ebenfalls bei St. Lorenz (das eine ist die „Kalbeherberge"), Dietrich dagegen, der den Handelsstand vorgezogen zu haben scheint, nur bar Geld und seine Kaufmannskammer, ja der vierte, noch lebende, Sohn, der „Bruder Albert", bloß die Jahrespacht eines Hauses von 480 Pfenningen, die man ihm geben soll „wenn er darum nachsucht zur Beschaffung von Kleidungsstücken" — denn er ist Barfüßermönch, also dem Gelübbe nach vermögenslos. Das endlich, was er seiner Tochter Kunigunde zuwendet, die als unverheirathet eben jene Erbzinsen ländlicher und städtischer Grundstücke als feste Jahresrente nach seinem Tod beziehen und samt seiner Schwester Kunigunde Kapuzen ein jetzt von Johann von Köln bewohntes Haus in Besitz nehmen soll, läßt uns neben dem Barfüßer= und Predigerkloster zugedachten Stiftungen seinen ganzen Reichthum an unbeweglichen Gütern überschauen: ihm gehören im ganzen also vier Häuser in Erfurt, die werthvolle Tuchschnittkammer (von der jedoch, wohl nicht nur an den Erzbischof, einige Gebühren zu zahlen sind), ein Weinberg bei Rinakesdorf; gezinst wird ihm von liegenden Gütern bei Sulze, von Ackerhufen anderswo, von vier Aeckern bei den Rinstein (Rinstegen?), von zwei Gärten vor dem Löwerthor, von einer Schuhbank auf dem Markt und von nicht weniger als vierzehn Häusern, die meist weit von seinem Hauptbesitz in der Bülze durch die Stadt verstreut liegen von den Augustinern durch die Johannisgasse bis an die Kirschlache, und von denen mindestens drei noch größere Höfe gewesen zu sein scheinen. Ohne den Kaufwerth dieses das laufende Jahreseinkommen durch seinen Zins abwerfenden Güterbesitzes und den des Weinberges abschätzen zu können, dürfen wir nur sagen, daß außerdem — also wohl zum kleinsten Theil — das Vermögen Reinhards von der Bülze an Geld und Gut sich auf 400 Mark (192,000 Silberpfenninge) belief neben einer jährlichen Rente von etwas über 10 Pfund oder 10 halben Mark.

Sehr zu Nutze machte sich diese blühenden Vermögensverhältnisse die an chronischen Ebbezuständen leidende Casse der Erzbischöfe zu Mainz: unserem „Reinhard auf der Bülze" z. B. schuldete dieselbe um 1250 4½ Mark, anderen aber noch mehr, ja dem Gefrunden Hartung Hotermann volle 400 Mark. Was aber das eigenthümlichste Licht auf die damalige Veranlassung vielleicht ausnahmsweise massenhafter Anlehen wirft, ist die Beziehung des Erfurter Bürgerreichthums zu dem damals jüngst verflossenen Ereigniß der Krönung des Landgrafen Heinrich Raspe zum deutschen König durch die geistliche Partei. Es ist nicht anders denkbar, als daß Erzbischof Siegfried diesem Unternehmen das nöthige Geld großentheils aus der dem Wartburg=Fürsten nächsten Quelle, aus den Schatullen der Erfurter Gefrunden, verschafft hat, denn es sind uns Original=Abrechnungen von 1246 erhalten, in denen „Hugo Cantor von Erfurt", ein Domherr, ausführlich Rechenschaft ablegt über 14,000 von den Nuntien des Papstes Innocenz IV. in Gold und Silber empfangene Mark, und unter den damit von ihnen befriedigten Gläubigern steht das eine Mal neben dem Erzbischof von Köln, dem Burggrafen von Nürnberg u. s. w. mit 162½ Mark der Erfurter Bürger Rudolf von Nordhausen, das andre Mal mit 600 Mark Hartung Hotermann und Hugo der Lange neben Auslagen, die der Rechnungsleger für die Reise „nach Baiern zu dem König" gehabt hatte. Daß Boten zwischen dem Cassenverwalter des Mainzer Erzstiftes in Erfurt und dem Papst zu gehen hatten, wissen wir durch verzeichnetes Botenlohn, und wir zweifeln daher nicht, daß Siegfried zum Zweck der Erhebung des Pfaffenkönigs den Schlüssel zur Oeffnung der Bürgerschatullen Erfurts in Anweisungen auf Rom gefunden hat.[17]

Wo so viel Geld zusammenfloß, da mußte wohl ein großartiger Stapelplatz im deutschen Handelsverkehr etablirt sein. So

viel bares Geld in den Händen von Gesrunden weist sie, da an
Bankgeschäfte nicht gedacht werden darf, unzweideutig als Groß=
händler aus. Das bezeugt uns denn auch ganz ausdrücklich der
Dichter, der um 1283 in dem getümmelvollen Leben der Stadt
sein unschätzbares Gedicht über Erfurt auf Blätter von Erfurter
Pergament geschrieben hat: ritterliche Männer — so sagt er in
Anspielung vermuthlich auf die vom Rath unterhaltenen Söldner
— gibt es wohl, und sie dienen zur Abwehr von manchem Stra=
ßenauflauf, aber gewichtiger als die Ritter sind hier am Ort die
Händler, die wohl auf Tausend zu zählen wären. Heißt doch
eine der für die Verfassungsgeschichte Erfurts merkwürdigsten Kir=
chen der Altstadt, in der zur Martinszeit auf des Marktmeisters
Tisch wie gleichzeitig auf des Erzbischofs Tisch zu Sanct Sever
der räthselhafte Freizins erlegt wurde, die „Kaufmannskirche",
und ihr Alter mag nicht geringer sein als das ihrer Magdeburger
Namensschwester, die schon ums Jahr 1000 bestand.

Gar mancher Kaufmann aus den Geschlechtern wird wie
Dietrich von der Bülze in den Gewandschnittgaden Tuche ver=
kauft haben, die ihm die Wollenweber geliefert, mancher auch
wird die Messen inner= und außerhalb Thüringens zu Ein= und
Verkauf bezogen haben. Spuren von sehr weitreichenden Handels=
fahrten nach oder von Erfurt findet man schon in dieser frühen
Zeit. Fremde Friesen verursachten hier 1221 die Niedermetzelung
von über zwanzig Juden, und wie wäre es anders als durch
Markt= oder Reiseberichte möglich, daß Nachrichten echt kauf=
männischen Interesses mitten in die kirchlich=politischen Chroniken
des Petersklosters sich verirrten? Den Mönchen dieses Klosters,
die treue Freundschaft in der Stadt fanden, ist es bekannt, wenn
einmal der Winter die Wasserfläche sogar im fernen Süden ge=
frieren macht, daß man mit Frachtwagen nach Venedig einfahren
kann; ja von sehr frivolen Zügen des nordischen Heringsfanges
wissen sie ausführlich zu erzählen, natürlich mit angehängter Mo=

ral, daß Gott im Sturm die losen Dirnen alle ertränkt, die sich auf den großen Heringsmarkt zu schnödem Gewinn über See fahren lassen wollten, die ehrlichen Leute hingegen alle am Leben erhalten habe.

Aus dem Erpersfurt, wie es einst Bonifacius als einen stillen Ort heidnischer Ackerbauer gesehen, war ein durch Gewerbe und Handel blühendes Erforte erwachsen. Wohl sah man noch an jedem feuchten Morgen die gespaltenen Hufe des ausgetriebenen Stadtviehs in der Gasse hundertfältig abgedrückt neben den Räderspuren schwerer Kaufmannsfuhren, die kamen und gingen, wohl war es noch Sitte, Streu vor die Thür zu breiten, um Dünger von Kuh und Pferd zu sammeln, außer in den Gassen, wo der Erzbischof dazu allein berechtigt war, wohl sah man noch wie vor Alters den Kleinbürger mit dem Pflug zum Thor hinausfahren, den Reichen, wenn die Ernte nahte, hinausreiten, um seine prächtigen Felder im Schmuck der körnerschweren Aehren zu besichtigen, die Schnitter zu bestellen, — und wer hätte nicht wenigstens ein ganz bescheidnes Weingärtchen sein eigen genannt, wer nicht sein Hausschwein gemästet, bei bitterer Armuth doch noch eine Ziege zum Melken, zuletzt zum Schlachten sich gehalten! Heiden waren die Erfurter gewesen, Ackerbürger geblieben. Jedoch nicht mehr so ausnahmslos wie vordem paßte dieser Name auf einen jeden, als Benennung der vorwiegenden Beschäftigung auf die wenigsten. In Grundbesitz veranlagte freilich auch der reiche Kaufherr seine Schätze, die er im Geschäft entbehren konnte, aber der Bauer war es wohl zumeist, der das Land bestellte, dem vornehmen Bürger als Zinsherrn Huhn und Gans, Gerste und Hartkorn, selbst manchen Silberpfennig von der Pachtung zu Walpurgis und Martini brachte. Der Waidhändler brauchte ausgedehnte Ländereien in der Stadtmark oder benachbarten Dorffluren, der Brauherr Sottel und Gelenge in allen „drei Feldern", um jederzeit Gerste für den Quellbottich bereit zu haben, und gar manchen Hopfenberg. Aber man sieht: wie dort der Ankauf liegender Güter nur das im Geschäft erworbene Capital der Familie des Kaufmanns nutzbar machen sollte, so war hier der Landbau bloß das Mittel zum Zweck. Die treibende Macht des Bürgerlebens war also der Waarenumsatz im Wechsel der Zeiten geworden, der Markt die Seele der Stadt.

Günstige Lage so recht in Deutschlands Herzen, wo sich die Handelsstraßen vom Rhein nach Saale, Elbe, Oder, und von Donau und Main zur nördlichen Küste kreuzten, half mächtig zum Aufschwung wie des Gewerbes so des Handels; nicht Zwang, jedoch fast ebenso starke Aufforderung hier an der Gera Stapel zu halten lag für den Fremden in der Verordnung, nur dann vom Erfurter Zoll befreit zu sein, wenn er seine Fracht nicht unentladen d. h. ohne „Niederlage" zu halten durch oder um die Stadt fahre: kein Wunder also, wenn hier vortheilhafter als irgendwo in weitem Umkreis zu kaufen, eher und in reicherer Muster=Auswahl dem Handwerker der neue Fortschritt in der Arbeit kundbar war, — kein Wunder also auch, wenn Erfurt wie ein mächtiger Magnet in weite Ferne wirkte, Thüringen wenige Dörfer, kaum eine Stadt haben mochte, wo nicht im zwölften, mehr noch im dreizehnten Jahrhundert Hütten und Häuser leer geworden wären durch Auswanderung der Bewohner nach dem Glück verheißenden Emporium in des Landes Mitte. Und daß nicht Fehdesucht und offner Krieg oder etwa die Tücke des Betrügers dieses Glück zu einem falsch gleißenden mache, sorgte der Rath: das Verbot des „Santrockenkaufs durch Unterhändler" ist eins der ersten, die er verkündet hat, um mit Hebung dieses schlimmsten aller Mißbräuche auf dem Markt das Blut zu reinigen und gesund zu erhalten, das von hier aus den Leib der ganzen Gemeinde durchfloß und wie in tausend Adern überall pulsirte."

Auffallen muß, daß, wie man sicher weiß, die rege Handelsstadt voll Fremder und voll Geld, welches man doch den „höchsten

Herrscher dieser Zeit" schon nannte, ohne die gewöhnliche Zuthat zum großstädtischen Markt des Mittelalters, ohne Frauenhaus gewesen ist. Kein Beweis von Moralität, aber von Mangelhaftigkeit der städtischen Einrichtungen nach dieser Seite hin. Denn unter solchen Umständen schwärmte die Venus natürlich aller Orten; Raben und Krähen nicht nur — so ruft der Dichter dem wackern Hermann nach ins Grab — sollen den vom Tod dahingerafften Henker beklagen, der so sorglich ihren Stein mit immer neuem Fraß beschickte, sondern einstimmen in ihre Todtenklage sollen auch die Freudenmädchen, denen er wohl ein strenger Zuchtmeister, aber auch ein Schirmer vor Gewaltthat war." Nachmals hat Erfurt in der Mariengasse vor den Graben sein Frauenhaus und ein sehr segensreiches Findelhaus, beide unter Rathsaufsicht gehabt; im dreizehnten Jahrhundert zeigten sich nur die Uebelstände, die zur Errichtung beider Häuser endlich drängten. Mit bösem Beispiel gingen dem Volk manche Geistliche voran, und die überdeutlichen Bilder, die unser Dichter von dem Verkehr derselben mit den Beginen entwirft, gemahnen tragischen Ernstes an die Worte, die man dem Erzbischof an jenem Octobertag 1073 zurief, als er das gregorianische Gesetz der Ehelosigkeit den Priestern Thüringens in Erfurt verkündete: Wenn dem Papst Menschen zu schlecht wären, um sie den Kirchengemeinden als Hirten zu bestellen, so möge er Engel nehmen, er vergesse wohl Paulus' Lehre, daß es besser sei zu freien als sich nicht zu enthalten!

Was kann es Widerlicheres geben als diese demi monde im Nonnenschleier! Selbst unserem Satiriker stockt plötzlich der Heinesche Witz, wo er von der schalkig grisettenhaften Außenseite den Blick tiefer fallen läßt in die Schauer des Abgrundes, an dessen Rand die gefallenen Beginen naturnothwendig hinabgerissen wurden: die heimliche Geburt liegt an der Thür der Pfaffenwohnung, wimmert elendiglich um Beistand an der Pforte der Kirche; viel Schrecklicheres aber noch wagt die verbrecherische Mutter im

Augenblick der äußersten Verzweiflung: sie bricht dem Kindlein den Hals oder schleudert es im zugebundenen Topf in die Welle der Gera, und „so treibt der Hölle zu mit dem Kind die Mutter, mag ihnen der Vater dazu folgen!" „Möchte das Grau des Gewandes solcher Beginen", so etwa fährt der Dichter fort, „sich klar in Licht und Schwarz zertheilen, daß die unnatürliche Mutter gezeichnet wäre wie die Schwalbe am Kirchthurm, aber Roth vielmehr müßte die eine Farbe sein, eingetaucht das Nonnenkleid ins Blut des umgebrachten Kindes!"

Harmloser, aber doch lüstern genug, war das in den „Stuben" d. h. Badehäusern getriebene Wesen. Sie lagen durch die ganze Stadt zerstreut, dem Fluß nahe oder fern, und dienten zunächst der uralten Germanen-Neigung, den Leib im warmen Bad zu verjüngen; denn warme Bäder scheinen es gewesen zu sein, und ein jedes kostete nur einen Pfennig. Man trat ein und wurde recht freundlich empfangen; nicht lange, so erschien eine hübsche Badedienerin, die alsbald behülflich war, das Bad herzurichten, namentlich die einzelnen Gliedmaßen mit Tüchern recht zu reiben, jedoch ohne mit ihrer zarten Hand wehe zu thun. Hatte sodann der Bartscheerer seine Dienste mit Geschicklichkeit verrichtet, so streckte man sich zur Erholung nach dem Bad auf ein Faulbett, und nun trat eine noch viel schönere Maid herein, welche ihr schmuckes Perlenschapel im offenen Lockenhaar ohne Gebende als Jungfrau auswies, und die, wiewohl dem Küssen durchaus nicht abgeneigt, nur kam — um zu frisiren. Wir wissen nicht, ob alle Badestuben die Eifersucht der Ehefrauen so offen herausgefordert haben; indessen die Bedienung scheint durchweg eine weibliche gewesen zu sein.

Schon in der ersten Hälfte des Jahrhunderts erschien die Gründung eines Klosters der heiligen Maria Magdalena wünschenswerth; man errichtete es dem Haus „zum halben Giebel" gegenüber am Anger." Da mag manche Erfurterin ihre Sünden im groben weißen Büßerinnenkleid bei magrer Kost, auf hartem Strohlager, unter rauher Filzdecke beweint haben, nachdem ihr das blonde Lockenhaar beim Eintritt in das Weißfrauenkloster gekürzt worden. Denn aus dem alt=erfurtischen Charakter spricht neben einer liebenswürdigen Hingabe an die Naturfreuden des schönen Heimathlandes auch starke Sinnlichkeit, die, vom Feuer der Leidenschaft entzündet, öfter als der Mund der Geschichte es meldet, mit heiligen Sittengesetzen in bittern Kampf gerathen sein wird.

Es ist wohl bezeichnend, daß ein beinahe ältestes Kunstwerk erfurtischer Stickerei in Gobelin= und Plattstich mit Nadel und wollenem Garn die üppigen Bilder aus Tristan und Isolde auf die Leinwand gemalt zeigt.** Ein Teppich, vielleicht als Tafel= tuch einstmals benutzt, der durch merkwürdige Schicksalsfügung seine Farbenpracht an feuchter Kirchenwand einbüßte, wo er noch in unseren Tagen zum Schutz von Paramenten unbeachtet hing, mißt dies werthvolle Denkmal mittelalterlicher Kunst bei nicht ganz 3' Breite über 13' an Länge und stellt in zierlicher Säulen= Umrahmung sechsundzwanzig Scenen des auf deutschen Boden von Meisterhand verpflanzten Liebesepos dar. Phantastisch ran= ken sich Arabesken um die Ränder, in bunt beschwingte Vögel, oben in Menschengestalten — stets paarweis männliche und weib= liche — auslaufend; über die Säulen schauen Engelköpfe wie von einer Gallerie in den Bildersaal herab, und selbst diese gegen die Kirchenlehre abwechselnd männlich und weiblich. Der Ritter mochte sich am Bild der schmachtenden Isolde weiden, wie sie im Fahr= zeug steht, während am Ufer die Mutter der treuen Magd Bran= gäne den verhängnißvollen Liebestrank anvertraut, die Schönen mochten auf den tapfern Tristan blicken, wie er ohne Furcht und Tadel dem Lindwurm hoch zu Roß entgegenreitet, obwohl der ihm ganze Feuermassen zubläst aus dem weit geöffneten Rachen, und dann wie „he den worm erslcit", ihm die rothe Zunge aus=

schneibet und dann auf fernerem Bild dieselbe knieend dem König
reicht; und wenn sie in bunter Reihe bei einander saßen die
schmucken Herrn, die holden Damen, so sprachen sie wohl scher-
zend vom schmachtenden Tristan, wie ihn die letzten Bilder zeigten: unter dem Olivenbaum schneidet er da auf Brangänens Rath
den Span von dem Olivenzweig mit eingeritztem T und J, und
daß das Wässerlein den stillen Liebeswink getreulich aus dem
Garten an das Schloß gespült und Brangäne gar scharf aus-
geschaut für ihre Herrin, wies das sehr sprechende Bild mit der
Umschrift „hie kumt ysalbe zu tristram in dem garten", dem dadurch nichts an Verständlichkeit abging, daß der König und der
verrätherische Zwerg in der Baumkrone dort, nicht behutsam genug versteckt, sich ohne Umkehr mit dem Kopf im Wasser spiegel-
ten — man wußte doch, mit wie kluger Rede die schlaue Isolde
ihren Mann trotz Zwergenkunst getäuscht, als sie im klaren Mon-
denschein sich nahend
    der Mannesschatten drei hier sah
    und wußte doch nur Einen da;
man konnte wohl die Worte aus Gottfrieds Dichtung auswendig,
mit denen sie den Erfolg des Lauschens beim Stelldichein am
Brunnen hintertrieb, zumal die schelmisch-heilige Betheuerung,
mit der sie nun dem erwiderte, zu dem sie in erwünschterer Lage
die süßesten Roseworte geredet hätte:
    Und vor Gott sag ich, daß ich nie
    zu einem Mann ein Herz gewann,
    und immer jedem andern Mann
    mein Herz versperrt ist und verwahrt,
    als nur dem Einen, dem da ward
    die erste Rosenblume
    von meinem Jungfrauthume!

Gottfried von Straßburg und Wolfram von Eschenbach standen
ja zu dieser Zeit wie Schiller und Göthe zu der unsrigen, und
wenn es nicht unwahrscheinlich ist, daß in Tagen, wo der höchste

Fürst des Landes der edelsten Gemahlin durch Untreue das Herz zerbrach, auch Erfurts Baumgärten, zwar keine Oelbäume, aber doch ebenso verschwiegene Hollunderbüsche hatten, deren Blätter mehr als die der Petersannalen erzählen könnten, so ist es so gut wie gewiß, daß der Stadt, die bald jene runden Schildereien mit den Sprüchen aus dem Freidank in ihren Rathssaal hing,** die Classiker des Jahrhunderts bekannte Größen, liebe Freunde waren.

Walther von der Vogelweide ist vermuthlich auch selbst durch Erfurt gezogen in den Jahren, als er sich „des milden Landgrafen Ingesinde" nannte und von seinem Fürsten sang:

Des Lob nicht grünet und salwet als der Klee; –
der Düringe Blume scheinet durch den Schnee:
Sommer und Winter blühet sein Lob.

Und dann schloß er auch die Erfurter und Erfurterinnen mit ein in sein „Deutschland über Alles":

Von der Elbe bis an den Rhein,
und zurück wieder bis an der Ungern Land
mögen wohl die besten sein,
die ich in der Werlte han erkannt.
Deutsche Mann sind wohl gezogen,
rechte als Engel sind die Weib gethan!

Die Liebenden mochten am Strohhalm wie Gretchen an der Sternblume ihre Hoffnung prüfen, und wenn der Jüngling mit Walther reimen konnte auf sein

„sie thut, sie enthut, sie thut, sie enthut, sie thut":
wie oft ichs that, so war das Ende immer gut —

so mochte er die Dichterverse dazu singen:

Mich hat ein Halm gemachet froh,
er sagt, ich soll Genade finden.

Auf Straße und Plätzen Reigentanz zu halten war auch in Erfurt beliebte Sitte; wenn der Lenz erwachte, so bot sich draußen vor dem Thor noch schönere Stätte auf blumiger Aue sich zu er-

götzen, die schönsten Blüthen sich zum „Schapel" zu lesen und
zu binden; zum Kranzmachen durften sich Liebende in die Maien=
pracht der Wawet rufen mit des Dichters Lied:

> Weißer und rother Blumen weiß ich viel,
> die stehn da draußen in jener Heide:
> da sie so schön entspringen
> und die Böglein singen,
> da wolln wir sie brechen beide!

Als einen Festzug, den Frühling in die Stadt zu holen, darf
man wohl den merkwürdigen Walpurgiszug der Erfurter in sei=
nem ursprünglichen Sinn deuten; erst in unserem Jahrhundert
wurde er allmählich vergessen, und doch reicht er in die ungemes=
senen Zeitfernen des Mittelalters zurück. Alljährlich am 1. Mai
ging es aus dem Löwerthor in die frisch ergrünende Stadtwal=
dung hinaus nach der Kuhweide, genau auf demselben Weg, den
die Sage den heiligen Bonifacius gehen läßt, um das Heilig=
thum des Wage=Götzen zu zerstören; einige Eichen hat man je=
desmal daselbst inmitten der festlich geschmückten Schaar gefällt.
War es ein Andenken an die Artschläge des heiligen Mannes?
Etwa eine befohlene Zuthat, mit der allein die Kirche diese viel=
leicht aus dem Heidenthum stammende Frühlingsfeier über die
Schwelle der christlichen Zeit herüberwandern ließ? Wie ander=
wärts schloß sich nachmals auch in Erfurt an den Walpurgiszug
die Waffenmusterung der städtischen Wehrmannschaft, und es ist
lehrreich für die Bedeutung der Braugerechtsame der vier Vier=
tel der Altstadt=Bürger, daß später der „Walperzug" als bloßer
Bierbrauer=Auszug galt und darum in unserer Zeit mit dem ur=
alten Biereigenwesen überhaupt endlich sinken mußte."

War die Walpurgislust ein halb Jahr verstrichen, so durch=
wob die „Win=Erne", wie man die Weinlese nannte, die Herbst=
nebel mit goldnen Fäden einer anderen Freude, die man so recht
mit vollem Herzen von der Mutter Natur in Empfang nahm.

Welch eine Freude, wenn die Leiten recht hoch gehäuft hereinkamen: der Hochheimer durchs Brühlerthor, der Tiefthaler bei Sanct Andreas her, der Stolberger durchs Krainfen-, der Hirnberger durchs Löwerthor einfuhr; und welch frohe Aussicht in die Zukunft! Mochte der Winter auch noch so hart hereinbrechen, ein Labetrunk des „lieben Weins" ließ viel verschmerzen; und wer einen Weinzapf hielt, der konnte in Jahren reicher Ernte viel verdienen. Kelterhäuser werden mehrfach in der Stadt erwähnt, eins z. B. lag unter den Juden hinter dem Rathhaus; aber auch die Kunst einen sauern Jahrgang mit süßerem Würzburger zu schönen, kannte man bereits.

Aus heidnischer Vorzeit lebte noch mancher Aberglaube, auch Mummenschanz und mancher uns unverständliche Brauch. Man lief wohl noch „in einem Teufelshaupt" auf der Gasse, trug sich in der Oster- oder Pfingstnacht ins Wasser, spielte dem Nachbar einen Schabernack, indem man ihm Räder in seinen Brunnen warf. Aber viel kräftiger wucherte unter guter Pflege der Aberglaube, der die Kirche jener Zeit verunzierte. Die dummen Bauern von den Slavendörfern verachtete man aus vollem Herzen, die für ihren Glauben, die Darreichung der Hostie beim Abendmahl auf leidensvollem Krankenlager führe sicher den Tod herbei, eine Bestätigung darin fanden, daß der tödtlichen Krankheit der Tod folgte; aber an der Thatsache zu zweifeln, daß das Hostienstückchen, welches aus dem Mund eines schwer kranken Bechstedter Bauermädchens beim Nachspülen mit geweihtem Wasser in den Holzbecher des letzteren gekommen war, zum wahren Leib des Herrn geworden und in Form eines kleinen Fingers das Weihwasser vom edelsten Blut, vom Blut des Mensch gewordenen Gottes geröthet habe, — hieran zu zweifeln wäre keinem eingefallen. Sehr eingehende Berathungen hochgelehrter Männer hatten ja das Wunder vollkommen als solches anerkannt, und man segnete die fromme Wittwe in Bechstedt, die Gottes Ehre höher gehalten hatte als den Wunsch des Dorfgeistlichen, der darauf aus war, die Sache geheim zu halten, damit er nicht der Fahrlässigkeit bezüchtigt werde. Die Großeltern erzählten es gewiß noch im dreizehnten Jahrhundert den Enkeln, wie man voll Inbrunst, ja zu Thränen über Gottes Gnade gerührt das leibhaftige Stück des Welterlösers in Erfurt in feierlicher Procession habe hereintragen sehen, wie dann der Erzbischof im März 1191 hergekommen, nochmals alles genau untersucht, das Heiligthum zur Anbetung ausgestellt und endlich fest versiegelt nebst Löffel und Becher einem Nonnenkloster zu treuer Verwahrung als köstlichsten Schatz anvertraut habe. Durch die deutschen Lande bis an die Ostsee hin erzählte man sich von dem Zeichen des lebendigen Gottes." Ein solches sah man wieder 1250 in der Erhaltungsweise einer Hostie, die ein Verbrecher nach vollzogenem Einbruch in die Martinskirche zur Herbstzeit des vorangegangenen Jahres in eine Teichpfütze geworfen hatte: alsbald erhob sich neben der heiligen Stätte eine Kirche, zu welcher Erzbischof Gerhard 1253 feierlich den Grundstein gelegt hatte.

Wenn sich der Betrug durch Habsucht verrieth, so half allerdings die fromme Maske nicht immer. So kam am 25. März 1227 ein Priester nach Erfurt und erhielt von dem gerade anwesenden Mainzer Erzbischof die Erlaubniß zur Ausübung seiner Augenheilkunst. Geistliche versahen ja durchweg in der Stadt die Krankenpflege, man eilte also auch zu diesem Arzt im Priestergewand, sah, wie er vor dem Altar die Messe abhielt, Erde weihte und zu Teich knetete, und manche Augenleidenden ließen sich gläubig von ihm mit solchem Stoff die Augen salben; ein Gehülfe des Fremden schrieb auch heilkräftige Sprüche auf kleine Pergamentzettel, und für alles gab man schweres Geld. Als jedoch kein Mensch davon genas, merkte man die Prellerei, und der Wunderarzt mußte samt seinem Scolar rasch sich aus dem Staub machen.

Am 5. Mai 1232 hatte man das gräßliche Schauspiel einer Menschen-Verbrennung: der furchtbare Dominicaner, Meister Konrab von Marburg, der, mit ausgedehntester Vollmacht vom Papst zur Reinigung des Glaubens ausgerüstet, die Scheiterhaufen von Stadt zu Stadt aufflammen ließ, verbrannte an diesem Tag vier Ketzer in Erfurt. Das Volk murrte, so viel wir wissen, nicht; längst war es von aufrichtigem Abscheu durchdrungen vor jeder Ketzerei, es mochte daher auch den Feuertod als Strafe nicht zu arg finden für diese Vier, da sie ja der große Meister irrgläubig befunden. Furcht und Entsetzen vor einem unbußfertigen Ende, vor dem jüngsten Gericht, vor der Abwägung der vielen begangenen Sünden lebte in allen Gemüthern; durch gute Werke, besonders durch Spenden an die Kirche suchte man sich den sonst unerbittlichen Richter im Himmel gnädig zu stimmen. Es kommt wohl vor, daß sich plötzlich die Kirchen Erfurts mit verzweifelten Männern und Weibern füllen, die sich bis aufs Blut geißeln um ihres Seelenheiles willen, weil das Gerücht umgeht, das sei ein sicheres Mittel zur Vergebung aller Sünden; was im folgenden Jahrhundert der Würgengel des schwarzen Todes durch Verbreitung des Schreckens vor einer jähen, allgegenwärtigen Lebensgefahr vermochte, das brachte in diesem die mitunter eisern auf dem Gewissen lastende Angst vor den Vergeltungen eines fernen Jenseits schon hervor. Da es in der fehdereichen Zeit übel bestellt war mit der Sicherheit des Lebens, auch der große dreieckige Setzschild, der in voller Höhe den Mann nach einer Seite hin deckte, nicht gänzlich vor feindlichem Geschoß zu schützen vermochte, der Bürger nie, wenn er ihn beim Auszug zur Stadtvertheidigung früh auf den Rücken nahm, wissen konnte, wie's ihm gehen werde beim Strauß, so ließ er sich in des Schildes obere Ecke inwendig den heiligen Christoph malen; der Blick auf ihn bewahrte nun vor plötzlichem Tod." Nicht uninteressant ist die Verfolgung dieses Aberglaubens auf seine reineren Wurzeln: Christophorus sollte den Beschauer mahnen, Christus so fest im Herzen zu tragen wie er ihn auf der Schulter trug, dann werde man keines bösen d. h.

keines ewigen Todes sterben; recht riesengroß bildete man ihn
darum gern ab, damit er recht vielen in die Augen falle, und
ließ nun ruhig die zum Kirchenbesuch antreibende Sage im Volk
sich bilden, daß niemand eines bösen d. h. jähen Todes sterbe an
dem Tag, an welchem er den großen Christoph sähe; seitdem
glaubte man, wie es der Vers sagt:

„Heiliger Christoph, groß, ja groß ist die Kraft, die Dir inwohnt;
Welche des Morgens Dich sehn, die lachen gesund noch am Abend!"

Auch dem Erfurter vereinte sich die angestammte deutsche Ge=
fühlsinnigkeit mit dem christlichen Glauben zu einem sein ganzes
Wesen beherrschenden Lebensodem; wenngleich mannigfacher Aber=
glaube mit im Gefolge zog, der Gott, den er mit kindlicher Hin=
gebung anbetete, trug ihn über die Abgründe des Unglücks und, wie
er hoffte, barmherzig auch über die Schauer des Todes in die ewige
Seligkeit. Regte sich auch oft genug die andere Seele in seiner Brust,
die an die Welt und ihre Lust ihn klammerte, so lebte er immer=
hin der von seinem Seelsorger nicht gestörten Zuversicht, daß ein
Geschenk von Gut und Geld, der Kirche jetzt oder nach seinem
Ableben zugedacht, doch vieles gut machen könne, und, wenn das
Alter kam, so blickte er ruhigen Auges nach dem Laubdach der
Bäume vor seiner Pfarrkirche, die da der Eltern und der Urettern
Gräber beschatteten, in deren Schatten ihm über kurz oder lang
nun auch die Gruft sich öffnen mußte; im starken Schutz des Hei=
ligen, den er vornehmlich verehrt, hoffte er so ruhig einst dort zu
schlummern wie die andern alle.

Rechtschaffene, biedere Menschen sind sie doch wohl auch in
diesem Jahrhundert um sich greifender Entsittlichung im Durch=
schnitt gewesen die Bürger von Erforte, ohne sich die Lebensfreu=
den zu mißgönnen. Mann und Frau bedurften Isots Zauber=
trank nicht, eine ehrliche, volle Liebe machte es, daß

ihnen war Ein Tod und Ein Leben
Eine Trauer und Eine Freude gegeben.

Freilich ist es uns versagt in die Stimmung einzubringen, in der dies Leben am häuslichen Heerd verlief; und nur ungefähr können wir uns ein Bild machen von den Schicksalen eines Bewohners des damaligen Erfurt von dem Augenblick an, wo er — vielleicht schon, wie später, mit Vortragen des Salzfasses — in reinliches „Westergewand" gehüllt ans Taufbecken getragen wurde, bis dahin, wo man ihm das letzte Glockengeläut, wo möglich auf andern Thürmen noch als bloß auf dem der Pfarrkirche, bestellte.

Eins dürfen wir als einen großen Unterschied gegen das Leben in unseren Tagen dabei nicht außer Acht lassen: die furchtbaren Schwankungen des Glücks, die einem Bürger damals unvorbereitet über Nacht sein ganzes Hab und Gut vernichten konnten. Was jetzt, war damals keine Ausnahme; mehr als einmal standen während des dreizehnten Jahrhunderts ganze Stadttheile in Brand: die hölzerne Krämerbrücke samt ihren Kostbarkeiten brannte zweimal (1222 und 1293) ab, und das erste Mal stand die Breite Straße, das zweite Mal die Ilgen-Kirche und die an sie anstoßenden Gebäude mit in Flammen, 1213 war eine große Feuersbrunst, 1216 eine zweite, die bis an die Langen Stege wüthete, 1246 brach im Mai zu Mitternacht ein Feuer aus, das fast zwölf Stunden lang unter den Holzhäusern der Stadt aufräumte, indem Schindel- und Strohdächer ihm den Weg wiesen, und obgleich es fünf Jahre danach wieder vom Neuen Werk bis ans Hospital brannte, verzeichnete man doch die Brunst von 1255 als eine die vorhergegangenen an Größe noch übertreffende; besonders das letzte Jahrzehnt war von Feuerverheerungen heimgesucht, denn das entsetzliche Feuer am 13. April 1291 vernichtete das ganze Drittel der Stadt vom Neuwerk bis über das Kramfenthor hinaus, nach wenigen Monaten raffte ein zweites auch noch das Johannisthor und fast hundert Häuser bei demselben weg, und es folgten außer der Katastrophe von 1293 noch zwei größere Brände, die gleichsam nachholten, was die frü=

heren im Westen versäumt hatten, 1296 am Rubenmarkt und in der Pergamentergasse, 1297 am Fuß des Petersbergs zahlreiche Wohnungen in Asche legten.

Was das Feuer verschonte, verschlang oft genug das Wasser, da bei weiter Ausdehnung von Sumpf und Wald Thüringens Atmosphäre damals viel reicher an Wassertheilen war, die zu den heftigsten Wolkenbrüchen und Gewitterregen, zum massenhaftesten Schneefall, und, wenn ein warmer Frühlingsregen diesen auf dem Waldgebirge auf einmal zerschmolz, zu überaus verheerenden Ueberschwemmungen führten. Solche Witterungsunbilden hatten natürlich auf Vertheuerung der wichtigsten Nahrungsmittel den unmittelbarsten Einfluß; selten war ein Winter zu verzeichnen wie der von 1239, wo es fast bis zu Lichtmeß nicht fror und nur auf den fernen Südbergen Schnee zu sehen war, — gewöhnlich hatte man sehr durch Winterkälte zu leiden; die noch so gut verwahrten Rebstöcke, ja die Obstbäume erfroren mitunter bis zur Wurzel, selbst das Vieh und die Bienen liefen wohl Gefahr zu sterben, und auch an letzteren lag etwas wegen des starken Verbrauchs von Wachs und (auch zum Meth) von Honig. Nasse Sommer ließen nicht nur die Weinberge, sondern auch die Getreidefelder verkommen; 1272 hatte man eine völlige Hungersnoth, so daß ein Malter Getreide mit mehr als 6 Mark Silber bezahlt wurde, arme Leute Hungers starben, während 1277 eine Reihe von Jahren begann, in denen selbst ein Malter Weizen nur 13 Schilling, d. h. beinahe nur ½ einer Mark, Hafer sogar nur halb so viel kostete.

Für die Armen und Kranken — denn die Periode der Kreuzzüge hatte zu den alten neue Krankheiten aus dem Morgenland eingeschleppt — war in mehreren Hospitälern gesorgt: „bei den Siechen" im Enelend oder Elend zwischen Andreas- und Johannisthor, „bei den Kramsen" vor dem nach ihnen benannten Thor, vorzüglich aber in dem geräumigen Asyl des Martinshospitals, das vom Judenviertel hinter dem Rathhaus bis an den Fischmarkt und zu den Langen Stegen reichte, und dessen Verwaltung Rath und Geistlichkeit sich besonders angelegen sein ließen.

Wen nicht Noth und Krankheit plagte, der lebte, wie es uns „Gemächlich" zeigte. Reich war beim Vornehmen die Kleidung und er liebte grelle Farben, den Schmuck der Verbrämung; ein mit massivem Silber beschlagener Ledergurt ging über die bunten Stickereien seines Wammses, ein selbst mit Edelsteinen geschmücktes Barret von Seide⁴³ zeichnete ihn aus; kurze Hosen, zur kalten Zeit den Schultermantel und dicke Schuhe trug er wie jedermann, nur vielleicht Kamaschen noch dazu aus feinem goldgelben Fritschal, im Winter gewiß den theuersten Pelzschmuck. Gelbe, rothe, blaue Farben in buntem Uebereinander glänzten auch von der reichen Bürgerin in die Ferne, und in schönem Faltenwurf wallte ihre Gewandung herab; die Jungfrau trug zur Sommerzeit wohl einen frischen Blumenkranz im blonden Haar, oder statt dessen das Diadem mit Perlen und Edelsteinen besetzt, das aber auch nur Schapel hieß; die Matrone dagegen hüllte fast ganz ihr Haupt in das „Frauengebende", welches selbst Stirn, Wangen und Kinn bedeckte, so daß ein Kuß im vollen Staat Schwierigkeit bot. Vom Scheitel fiel das weiße Schleiertuch faltig auf Schultern und Nacken hernieder, über dem gefältelten Hemdbund sah man oft ein kunstreiches Halsband aus Silber, das Kleid reichte bis zu Füßen und war wie beim Mann das Wamms vom Schmuckgürtel gehalten; lose über den Schultern hing der Mantel, mit der einen Hand griff die vornehme Dame gern in die Borte, die den Mantel über dem Busen fesselte, und zeigte ein schönes Armband, mit der andern hob sie die eine Seite des Mantels etwas unter der Hüfte, daß sich die Faltung schöner zeigte, auch die Fütterung zum Vorschein kam.

Im Haus des wohlhabenden Erfurters prangte vermuthlich schon damals der Familienschatz von silbernen, vergoldeten Bechern, von Ketten und Ringen. Das Tafelgeschirr war meistens von

Zinn, ohne Thon- und Glaswaaren ganz vermissen zu lassen, das Holzmobiliar von guter Erfurter Arbeit, das Bett mit Haarlaken, Federkissen und Deckzeug aus Ziechen-Linnen ausreichend versehen, auch was darunter gehört fehlte nicht. Beim Niederlegen scheint man selbst das Hemd, wenigstens im Sommer, ausgezogen zu haben."

Die Speisen waren gewiß mehr Fleisch-, und besonders mehr Fischspeisen als jetzt; seit Alters kannte man die Sülze, und Sülzner, Sälsener, Senfer neben einander beweisen, daß man die scharf gewürzte Fleischspeise sonderlich liebte; des Gemüses wollte man dabei indessen keineswegs entbehren: Erbsen und Bohnen, Blattkohl von mancherlei Art, und neben dem in Ehren gebliebenen Kumst auch Hirsebrei und der völlig verschollene Gemüsebrei, den man Bolz nannte; ein guter und reichlicher Trunk Wein oder Meth mußte das Mahl erfreulicher machen. Bier und Hering endlich waren die eigentliche Nationalkost, die einem auch der Fasttag nicht verwehrte; die Thüringer fanden an ihrem Landgrafen Ludwig kaum so sehr seine Heiligkeit bewundernswerth als seinen Widerwillen gegen Bier und Hering unbegreiflich.

In den geselligen Verkehr hineinzublicken ist uns nur einmal gestattet, dafür ist es aber auch das lebensvolle Bild des aller geschätztesten Ortes, das sich uns darbietet: das einer Erfurter Taberne aus dem Jahr 1283.

Gemischter kann es keine Gesellschaft gegeben haben als die in einer solchen Taberne, lauter und von deutlicherem Ausdruck schrankenloser Gebarung des Eigenwillens auch kaum eine. Im strahlenden Waffenrock, den Helm neben den Humpen gestellt, sitzt der Rittersmann am Tisch, die Arme auf den Kreuzgriff seines Schwertes aufgestemmt; der Bürger legt seine Wehr, sei's Langmesser oder Schwert, Beil oder Barte auch nicht ab oder behält sie doch in seiner nächsten Nähe, wenn er sich behaglich niederläßt, und mit den Sporen klirrt er bei jeder Fußbewegung. Zum Bürger gesellt sich der Bauer, zur Laienwelt auf diesem neutralen Boden auch der Pfaffe; jene bringen ihre Weiber mit, der Landgeistliche seine Magd. In bunter Reihe sitzen so die Tische der Taberne voll und werden immer voller, so daß die Schemel an Zahl nicht reichen und man scheel sieht auf den Bauer, der mit seinem Weib eine kleine Wagenburg von nicht auf dem Markt abgesetzten Körben und Holzwaaren hier aufgebaut hat; der aber legt sein blankes Geld so gut auf den Tisch wie die andern und blickt an seiner Keule nicht sehr bemüthig auf die geputzteren Städter. Zug um Zug folgt Geld und Kanne oder Imbiß, denn nur des Pfarrers Hilla langt ihr mitgebrachtes Stück heraus, die übrigen lassen den Wirth verdienen; auch Haufen von Nüssen liegen auf dem Tisch, die schmecken zum Wein.

Der Ausdruck der Gesichter ist noch verschiedener wie die Trachten. Lustig jobelt der eine sein Lied, der andre tanzt sich ein Solo, ein dritter declamirt und einige dicht bei ihm hören sogar zu; auf rothen Wangen glänzt hier die frische Lebenslust, und fast wird die Zärtlichkeit des Trinkers zur schönen Nachbarin bedenklich, während dort ein blasser Schwärmer in allem Freudentrubel in sich gekehrt auf eine Romfahrt sinnt — vielleicht ein Tannhäuser aus dem Venusberg. Des Schwatzens und Lachens im engen Raum ist kein Ende, die Knechte können all die durstigen Kehlen kaum befriedigen, auch die Frauen sprechen dem Becher wacker zu, — der Wein, sagen sie, verschönert den Teint. Unheimliche Gestalten mischen sich unter die fröhlichen Reihen, ihr Haar ist struppig, ihr Bart dem Scheermesser abhold, und finster blicken sie um sich, als lägen sie noch auf der Lauer im Waldesdickicht; widerlich Gemeines bleibt dem Blick natürlich ebenfalls nicht erspart, wo man der alten Germanen-Leidenschaft der Trunksucht den Zügel schießen läßt und auch ein viel vertragender Magen schließlich seine Rechte in unsauberstem Ablehnungsvotum geltend macht.

Gefährlicher noch wirkt die andre alte Leidenschaft: das Spiel. Der Rath eifert gegen das Spiel um Geld, aber der Taumel des Würfelwurfs läßt alles vergessen; den letzten Silberling, das Wamms vom Leib setzt der erhitzte Spieler zum Pfand, sein Mitspieler muß ein Gleiches thun; aber plötzlich ist durch den geringfügigsten Zwischenfall die ganze Wuth der beiden entflammt; sie schleudern die Würfel zu Boden, und, ehe man sich dessen versieht, ist der Ringkampf da, — am Haar zieht einer den andern nieder, Faustschläge brechen dem Gegner das Gebiß ein, und Blut stürzt schon aus Mund und Nase. Da nehmen die Freunde Partei, und alsbald erkennt man die ursprünglichen Streiter gar nicht mehr aus dem Handgemenge heraus. Der Kampf nimmt sofort die ernsteste Gestalt an, denn die Waffen sind ja zur Hand. Der wehrlose Cleriker rettet sich nach der Thür, ein Aengstlicher verkriecht sich unter den Tisch, die andern gehen mit Dolchmesser, Beil und Schwert auf einander los; dem Bauer reißt man die Pflugschaar aus seinem Geräthhaufen weg, so sehr er sie mit wuchtiger Keule vertheidigt, wer sonst nichts erlangen kann, bewaffnet sich mit dem ersten besten Schemel, und wehrt sich, so gut er kann, mit Stoß und Wurf seiner Haut. Auf dem Boden sammeln sich Blutlachen von den Hieben mit scharfer Waffe, dem hängt der Finger nur noch in der Haut, jenem ist der Fuß durchbohrt, die Weiber werfen sich aufgelösten Haares unter die kämpfenden Männer, ihr Jammergeschrei übertönt fast das Waffengeklirr und Wuthgeschrei von diesen. Furien gleich sprechen sie aller Weiblichkeit Hohn, nur der Opfermuth für die Lebenserhaltung des Gatten zeigt sie noch als Deutsche; hilft nichts mehr, den lebenbedrohenden Angriff abzuschlagen, so ist die Frau im Stand dem Gegner ihres Mannes mit gräßlichem Griff das Gemächte zu zerdrücken.

Verwundete ringen mit Verwundeten am Boden, — da schreit eine Donnerstimme dem Gemetzel Einhalt. Der Wirth ist es, eine herculische Gestalt, der die Wüthenden zur Besinnung zurückruft und, keinerlei Partei ergreifend, alle zu begütigen, zum Hinlegen von Barte und Keule zu bewegen sucht. Und seine Worte thun Wunder: man kommt zum Verstand, hebt die umgestürzten Bänke und Schemel wieder auf und ruft nur noch um die „Gertruds-Minne", um den Versöhnungstrunk, der nun zu brüderlichem Abschied in die Runde geht.

Bei den Stiftsherrn und den Mönchen von Sanct Peter.

Von den Schauplätzen des weltlichen Lebens zu denen des geistlichen führt unser Weg aus dem Geräusch des Tages zum stillen Frieden, nicht von der Thätigkeit zur Trägheit.

Erfurts höchster Ruhm, die wahre Geburtsstätte der Reformation gewesen zu sein, leitet wie das meiste Große auf Erden seinen Ursprung weit zurück in das Dunkel der Vorzeit. Im vollen Tageslicht der Geschichte entfaltet sich der große Gedanke eines Bruches mit der tausendjährigen Tradition — der kühnste, den deutsche Männer je gedacht haben — unter den Gelehrten der Universität; man kennt auch das Geburtsjahr dieser letzteren ganz genau,[1] aber ihre Vorgängerin, die hohe Schule, die Erfurt schon vorher besaß, ist völlig unbekannten Alters, keiner könnte von ihrer Herkunft erzählen.

Gewiß ist nur so viel, daß diese Hochschule bereits um 1283 in voller Blüthe stand und damals die Pflanzstätte der Gelehrsamkeit für etwa tausend, theilweise aus weiter Ferne hergezogene Jünglinge war.[2] Ablichem Geschlecht entsprossen, zog ein sechzehnjähriger Sohn der westfälischen Wälder 1294 „zum Studium in Erford", und nachmals hat er bekannt, wie ungern er die Botschaft empfangen habe, die von Ger=Athen ihn schon nach Jahresfrist wieder abrief. Er ist als Geschichtschreiber bekannt geworden; ein jüngerer Zögling der Erfurter Gelehrtenschule, aus Frankenland gebürtig,⁴⁷ ist jener Konrad von Megenberg, der uns die erste Naturgeschichte in deutscher Sprache schrieb.

Wir werden uns die Lehrer dieser weit berühmten Schule als Geistliche zu denken haben und irren wohl nicht, wenn wir die Erfurter Stifts=Canoniker⁴⁸ für vorzüglich verdient um die merkwürdige Schöpfung halten. Wie würden wir uns täuschen, sähen wir in diesen Stiftsherrn müßiggängerische „Arbeiter im Weinberg des Herrn"!

Die Kirche des Mittelalters glich die Unterschiede des Standes, wie sie die Laienwelt um sie her so tief und zu so vieler Gehässigkeit spaltete, wohlthätig aus. Auch im vornehmsten der Erfurter Stifter, dem Unsrer Lieben Frauen, wohnte der arme Bürgersohn neben dem Grafen. Zwischen jenem Meister Michael, der an einem Novembertag 1246 vom „Schreiber des Königs" seinen letzten Willen aufsetzen ließ und darin außer Büchern, einem Kelch und anderem Kirchengeräth, das er dem Stift ließ, nur ein wenig Korngülte, Betten, Linnen und eine Kuh an Hospital und Klöster, seiner Schwester Volksindi eine Mark Silber, ein Gewandstück aus Fuchspelz und wieder ein Bett vermachte, zwischen dem reicheren Ludwig, der als Stiftscanoniker sich zwei Diener hielt, über viel mehr Geld zu verfügen hatte, ja ein musikalisches Instrument besaß, und endlich dem edelgeborenen Lambert von Gleichen bestand nur der Unterschied des Ranges, welchen ein jeder im Collegium einnahm. Hoher Adel war nicht selten in den Reihen der Canoniker vertreten, und das Stift zog aus dem Eintritt solcher Vornehmen manchmal besten Gewinn; erwarb es doch einst von einem Grafen von Querfurt, der, wie eine Urkunde in erhabenen Worten spricht, „seinen Speer in der Kirche Sichel, sein Schwert in die Pflugschar des Geistes umgeschmolzen", an einem Tag zehn Kirchen, zwei Walbungen, eine Anzahl Dienstleute männlichen und weiblichen Geschlechts.

Und kein eitles Bild war da gebraucht mit der „Pflugschar des Geistes". Die führten sie alle die „Herren von der heiligen Jungfrau Maria", und auf gar verschiedenen Feldern zogen sie die Furchen, streuten den Samen aus für neues Wachsthum, wenn wir heute auch nicht mehr anzugeben vermögen, an welchen einzelnen Errungenschaften des Geistes ihr Fleiß und ihre Einsicht vielleicht in unsern Tagen noch hängt. Im damaligen Thüringen fand die Kirchenmusik an dem erlauchten Wettiner Landgrafen selbst einen Dichter und Componisten zugleich; seine vom Papst Innocenz IV. gebilligten Weisen wird man in den Stuben der Erfurter Domherrn wie auf der großen Orgel der Stiftskirche nachgespielt haben; die Stiftsherrn erfreuten sich am Lautenschlagen und verstanden sich auf die neue Theorie, nach Noten zu singen. Mit arithmetischen und geometrischen Studien vereinigten sie astronomische; sie beobachteten den Lauf der Gestirne, setzten die Beobachtungen systematisch fort zum Zweck der Umlaufsberechnungen, ergaben sich natürlich auch der astrologischen Grübelei. Näher verwandt ihren täglichen Verrichtungen in der Kirche und für die Verwaltung des kleinen Staates, welchen ihr Stift darstellte, war ihr auf Grammatik und Redekunst, besonders auch auf die Rechtskunde verwandter Eifer; in ihren Bibliotheken hatten sie theologische Bücher von Werth.

Der Cantor Hugo begegnete uns bereits in diplomatischen Aufträgen, im Verkehr mit den Hauptstützen der päpstlichen Partei, die den Gegenkönig erhoben, auf der Wanderung zu diesem selbst. Genug zu thun gab aber schon der engere Kreis, für den diese Geistlichen zunächst zu wirken berufen waren. Der Propst der Marienkirche war gewisser Maßen der geistliche Vizthum des Erzbischofs in Erfurt; er pflegte an der Spitze der Domgeistlichkeit den Mainzer zu bewillkommnen, wenn er die getreue Tochter in Thüringen besuchte, und sollte eigentlich immer Mitglied des Mainzer Domcapitels sein. Ständiger Präsident des Capitels war der Decan; vor dem Capitel, nicht demselben mit eingereiht, nennt er sich bei Urkunden-Ausstellungen. Der Scholasticus und der Cantor treten außer ihm bei solchen Gelegenheiten auch noch mit besonderem Titel vor den übrigen Mitgliedern des Capitels hervor, die man immer noch mit dem Namen „Brüder" bezeichnete. Das ging auf die früheren Verhältnisse des Stifts, unter denen es ein förmliches Kloster mit gemeinsamem Speise- wie Schlafsaal gewesen war, während nun schon die freiere Form der Einzelwohnung herrschte, nur der junge Nachwuchs im Haus des Schulrectors zusammen wohnte, von ihm Unterricht und leibliche Versorgung genießend.

Einen ganz neuen Aufschwung hatte ja das Stift genommen, als beim Beginn des Neubaus der Kirche im April 1154 die Gebeine des heiligen Adelar, ein Vierteljahr darauf auch die des heiligen Eoban aufgefunden waren. Wie beförderte es den schnellen Fortschritt und die Pracht des Baues, daß gerade nun das Volk von allen Seiten herbeiströmte, die Gefährten des großen Bonifacius im blutigen Märtyrertod an dieser Stelle ihrer noch leibhaftigen Gegenwart für Heilung der Gebrechen des Leibes oder der Seele um Vermittelung anzurufen und, um seinen Ernst zu erweisen, gern der Kirche reiche Spenden bot! Von da ab hatte der mit der baulichen Oberleitung betraute Bruder der Arbeit genug; und wie solid er mauern ließ, beweisen noch heute die für die Ewigkeit gebauten Unterstücke der beiden nach der Stadtseite hin errichteten Thürme; wie geschmackvoll man den künstlerischen Theil des Werkes pflegte, zeigen die ältesten Arcabenstücke des Kreuzgangs in ihrer edlen Bildung von spätromanischem Character, mit gothisirenden Anfängen.

Schon 1233 fand man, daß die frommen Spenden sich etwas minderten, weshalb der Erzbischof verordnete, die Einkünfte, die jeder Stelle im Stift zugewiesen waren, sollten in dem dem Sterbejahr des Inhabers folgenden Jahrgang der Baukasse zufließen. Indessen das Vermögen des Stiftes an Gut und Geld, auf dem solche Pfründen beruhten, war fortbauernd im Zunehmen. Es träumte wohl einer frei geborenen Bäuerin auf dem Siechbett, sie werde genesen, wenn sie am Geburtsfest der heiligen Jungfrau alljährlich zwei Silberpfenninge nach Erfurt „zu Berge" trage; und dem Traumgesicht glaubend machte sich die Freie zur Censualin der Kirche. Ein städtischer Sattlermeister fand es seinem Seelenheil förderlich, seinen Knecht dem Marien-Altar zu übergeben. Eine reiche Erfurterin hat so bereits 1156 zwei Häuser auf der Krämerbrücke ihren zwei Söhnen zum besten der Mutter Gottes auf dem Berg geschenkt samt vollen zehn Mark, um jene in guten Stand zu setzen; den einzigen Zins der acht Schillinge, den sie sich von ihrem einstigen Vollbesitz noch vorbehielt, hoffte man „unter der Vorhaltung der göttlichen Vergeltung" bei ihren Lebzeiten noch zu erhalten. Der „Censualen-Meister" hatte manche Zuwendung von Zinsleuten zu verzeichnen, welche ihre bisherigen Zinsherrn der Stiftskirche übergaben, ohne daß ihr „Dienst" über diese Zinszahlung eben hinausgegangen wäre; trotzdem sprach man bei der Entlassung aus solchem Dienstverhältniß von „Emancipation", z. B. 1193 bei einer Entlassung in den Dienst der Kaiserin, welche der Kirche zur Entschädigung wieder zwei Mädchen und dazu drei Aecker überläßt, jene mit der Verpflichtung jährlicher Zinszahlung von sechs Pfenningen, diese zu demselben Abtrag seitens ihrer Bebauer. Sicher hat aber auch manches viel unfreiere Dienstverhältniß zu der Kirche, wie die Bettemund und das Besthaupt, in jenen Jahrhunderten bestanden.

Zins und Zehnten fuhr man von allen Weltgegenden an den fest bestimmten Terminen „zu Berge", und der mit der ökonomischen Verwaltung betraute Kellermeister nahm das Korn in den Speicher, das Geld in den Säckel. Sowohl unmittelbar von

Bürger und Bauer, als auch von geistlichen Körperschaften (Klöstern, Hospitälern) erhielt das Marienstift dergleichen Einkünfte, ja sogar Freizins, wie sonst nur der Erzbischof. Wie weit so das Herrschaftsgebiet des Stiftes reichte, ist nicht genau zu bemessen, aber weit über das städtische Weichbild, wo hier ein Haus, dort ein Weinberg ihm zinste, sehen wir es durch Thüringens Gaue verbreitet. Empfing doch einst das Stift sogar von der weit jenseit der Unstrut gelegenen Frankenhäuser Kirche ihre Zehnten, bis sie das Patronat derselben mit dem Grafen von Beichlingen austauschte. Vom Seeberg bis nach Rudstedt erhielt man von einer großen Masse eigener Grundstücke die Korngülten, daß die Stiftsmühle ununterbrochen zu mahlen hatte, das anstoßende Backhaus beständig mit frischem Mehl reichlichst versehen war. Die Gelderträge von den auf Erbzins ausgeliehenen Ländereien waren nicht minder beträchtlich und warfen genug Capital zum Ankauf neuer Güter ab; aus so verschiedenen Theilen des Landes waren die Bauern dem Stift zu Erfurt zinspflichtig, daß sich im dreizehnten Jahrhundert eine einreißende Verschlechterung in dem Feingehalt der Münze am besten an der Kasse des dortigen Kellermeisters prüfen ließ; auch uns ist jene Veränderung des Münzkorns von 1239 nur bekannt durch die Klage der Stiftsherrn beim römischen Stuhl und durch den Ausweg, den Landgraf Heinrich als Vogteiherr des Domstifts einschlug, um nach Abgabe des Votums der apostolischen Richter, das auf Zahlung im alten Münzwerth (also mit ansehnlichem Aufschlag der Pfenning-Anzahl) ging, die Herren mit den Colonen in billigerer Weise zu verständigen.

Ob noch im dreizehnten Jahrhundert in Erinnerung an das ehemalige klösterliche Zusammenleben den Herren des Mariencapitels Rationen von Lebensmitteln geliefert wurden aus den Vorrathsräumen des Kellermeisters, darüber stehen uns nur Vermuthungen frei. Das so dicht benachbarte Severstift, dessen Kirche auf demselben Hügel stand, sich aber in ihrem altersschwachen Zustand recht kümmerlich neben dem Bau von Sanct Marien ausnehmen mochte, führte diese Einrichtung damals noch fort. Es erweckt keine Achtung vor dem Amtseifer der Sever-Canoniker, daß Erzbischof Werner die Sitte wöchentlicher Brot- und Geldverleihungen an dieselben bei Strafe des Bannes aus dem Grund beizubehalten forderte, weil sie bei Lieferungen für größere Zeitabschnitte sich erfahrungsmäßig nur ihre Portion holten, um binnen kurzem dem Kirchendienst den Rücken zu wenden und erst, wenn der nächste Termin herannahe, sich wieder zu zeigen. Vormals waren die Sever-Canoniker in der Darreichung von Bier den Domherrn gleich gestellt; jeder von ihnen erhielt ferner die Woche über sieben Brote, Sonntags auch ein Weißbrot, einen Wochentag um den andern einen halben Käse und drei Eier, in der Fastenzeit jeden zweiten Tag ein Maß Fische, dazu täglich zwei Heringe und fünf Rettige und von Zwiebeln „so viel ein Mann mit beiden Händen fassen kann".

Bessere Kost gab es an den hohen Kirchenfesten. Der Martinstag ist von jeher in Erfurt besonders festlich begangen worden; da erhielten die Herren von Sanct Sever ihre Hähne und Hennen. An den vier und zwanzig höchsten Festtagen, wie dem des Stiftsheiligen selbst, schaarten sich die Mitglieder des Sever-Convents zusammen um die Festtafel, und es war genau bestimmt, was sie an (vielleicht pastetenartigem) Salsament, an Fleisch und Fisch, Braten und Gemüse bekommen sollten; allemal vier Ferkel opferte man an einem solchen Freudentag, an dem „die Brüder von gutem Bier so viel trinken durften, als sie wollten". Den Stifts-Weinberg sollte der Propst von seinen eigenen Arbeitern bebauen lassen und die Hälfte des Weins den Brüdern des Conventes geben. Am Thomastag wurde den Herren das Brennholz vor die Thür gefahren; wenn der Winter nahte, empfing jeder seine Schafpelze zu einem Paar Kamaschen und seine Boßschuhe d. h. dicke Filzsocken.

Allzu sehr der Welt entrückt scheinen hiernach diese Stiftsherrn auch wohl im dreizehnten Jahrhundert nicht gelebt zu haben, gegen dessen Ende Erzbischof Gerhard bei einer Visitation der Geistlichkeit seiner gesamten Diöcese schlimme Dinge entdeckte: dem canonischen Verbot zuwider fanden sich Geistliche, die Weinschank hielten, gewinnreichen Handel trieben, den viel geschmähten Juden mit Wucher Concurrenz machten; hie und da hatte man in weltlicher Verkleidung Cleriker bei Nacht auf den Gassen erkannt, Waffen unter dem Gewand; und zumal gegen die einreißende Sitte, graue Schwestern der flotteren Art unter dem Namen von Wirthschafterinnen im Haus zu haben, mußte der Erzbischof scharf einschreiten. Verboten wurde den Geistlichen von ihm die beliebte Eitelkeit der Lockenfrisur, und, ehe ein Monat verstreiche, sollte bei keinem Cleriker sich noch eine Begine treffen lassen, wenn sie nicht durch das Alter oder den Verwandtschaftsgrad unverdächtig wäre, damit sich nicht zu ungelegener Zeit, wie es heißt, „der Engel der Finsterniß in den Engel des Lichts verwandle".

Dürfen wir jedoch dem Dichter trauen, der uns die drastischen Bilder von dem verbrecherischen Leben der Beginen entworfen hat, so gehörten von solchen räudigen Schafen kaum welche zu den beiden Stiftsconventen in Erfurt. Fromm, sagt er, von jedem Fehltritt fern verleben sie ihre Tage im Dienst der Kirche und der Wissenschaft. So will es uns auch scheinen, wenn wir in ihren Testamenten lesen, wie sie um ihre Bücher sorgen, wer nun nach ihrem Tod die viel gewendeten Pergamente nützen solle, wie sie etwa die letzte Barschaft für den Unterhalt der ewigen Lampe vor dem Hochaltar der heiligen Jungfrau zu Ehren einsetzen.

Und von den Beginen selbst verschweigt unser Dichter nicht, wie es unter der „endlosen Zahl" derselben der wahrhaft Frommen genug gab, die ihre Zeit zwischen Beten und Arbeiten theilten. Nonnen scheint man sie schlechtweg in Erfurt genannt zu haben nach dem Nonnenschleier und der schlichten Gewandung, die sie trugen; aber erst aus späterer Zeit ist ein „Convent der grauen Beginen" in Erfurt nachweisbar. Sie wohnten sonst durch die Stadt zerstreut, waren zum Theil wohl recht arm, zum Theil aber auch wohlhabend, wie denn eine Begine Abelheid von Bintersleben 1293 zwei Häuser im Brühl, einen Weinberg beim Cyriaksklofter besaß. Da sie nicht für die Lebenszeit sich ihrem Stand zu verpflichten brauchten, kommen „gewesene Beginen" in Erfurt recht oft vor; denn der Wille, ein Heiligenleben zu führen, mochte leicht im erregbaren Mädchenherzen durch den mystischen Zug jener Tage erweckt werden, nur das Fleisch war schwach. Erzbischof Siegfried III. verordnete wegen so „häufigen Strauchelns der jugendlichen Beginen" 1244, daß keine vor vollendetem vierzigsten Lebensjahr Begine werden sollte. Wie bald man dem jedoch zuwiderhandelte, bewies die Rolle, die in Erfurts chronique scandaleuse während der zweiten Hälfte des Jahrhunderts so manche graue Schwester spielte.

Die Mehrzahl von ihnen, so dürfen wir wohl immerhin annehmen, war aufrichtig gottergeben, und kaum am Rhein und in Belgien, von wo jedenfalls das Beginen-Wesen nach Erfurt übergesiedelt, hat dieses so geblüht wie hier. An dem alten Hauptindustriezweig der Stadt, der Wollweberei, betheiligten sie sich sehr stark; es findet sich eine Spur, daß sie wie die Tuchhändler ihre Gaden zu öffentlichem Verkauf ihrer Waare hatten. Und ist es nicht ergreifend zu hören, daß sie mit dem Verdienst von ihrer Hände Arbeit, so schmal er auch ausfallen mochte, der täglichen Almosenspende an Arme und Kranke oblagen? Vielleicht boten sie auch der unentgeltlichen Krankenpflege wie anderwärts hülfreiche Hand. - Einförmig, hauptsächlich an dem Webstuhl in der engen Kammer, flossen ihre Tage dahin, beselig vom Frieden der Arbeit und der werkthätigen Menschenliebe, erhellt allein vom Glanz des Gottesdienstes, den sie nie versäumten. Da, wenn die Messe vorüber, die Letzten das Gotteshaus verlassen hatten, die Kerzen-

flammen am Altar, von keinem Lufthauch mehr gestört, still und
hoch empor flammten, traten sie wohl in den Beichtstuhl und schüt=
teten ihr Herz dem ehrwürdigen Weltgeistlichen, lieber noch dem
Predigermönch aus. Gewiß sehr streng haben sie es mit ihrer
Sündenbeichte gemeint: wir hören, wie sie mit thränenfeuchtem
Antlitz auch die schuldlosen Verstöße gegen ihr hartes Gelübde er=
zählten — die Träume. Am meisten zu bemitleiden waren die=
jenigen, denen die Ueberreizung der Phantasie durch anstrengende,
dem Geist dabei freie Zeit lassende Arbeit, Fasten und Wachen die
himmlischen Bilder, von denen sie allezeit hörten, in denen sie
lebten und webten, leiblich zu sehen, selbst den Erlöser plötzlich
leibhaftig zu schauen meinten. Alle Nerven zitterten ihnen in
solcher Verzückung, das Volk hatte dafür den Ausdruck „sie jubi=
liren", so bekannt muß die traurige Erscheinung gewesen sein.
Von dem uns Schrecklichsten, dem Vermauern des Eingangs zur
bescheidenen Hütte, die die Begine ihr Obdach nannte, um von
nun an nur durch die Fensteröffnung sich das Nothbürftige reichen
zu lassen, der Welt völliger abgestorben zu sein als im finstersten
Kloster — auch davon finden sich im Namen von „Inclusen"
nachmals Andeutungen in Erfurt."

Unser Straßenbild von Erfurt würde unvollständig bleiben,
fügten wir ihm nicht die Personen aus geistlichem Stand als
ganz nothwendige, besonders charakteristische Staffage hinzu: die
vornehmen Stiftsherrn, die unter ihnen stehenden Vicare und
Kirchendiener verschiedenster Grade, deren Zahl nebst den selbst=
ständigeren Pfarrei=Seelsorgern und deren Untergebenen auf
mehrere hundert sich belaufen mochte, dann die „begebenen Leute"
d. h. die Mönche und Nonnen mannigfacher Orden, also auch sehr
ungleicher Trachten, von der grauen Nonne bis zum Benedictiner
in der schwarzen Mönchskutte und dem Prediger, der sich nach
Dominicus' Regel kleidete in langes weißes, von einfachem Leder
gurt über der Hüfte gefaßtes Gewand, das nur mit dem Unter=

saum hervorschaute unter dem schwarzen Mantel, wenn nicht der Mönch etwa die winterliche Kälte zu schneidend empfand und den weißen Aermel zum Vorschein brachte, indem er sich die Kapuze des Skapuliers vom Nacken her über den Kopf zog, — auch dieser Brustkragen mit der daran sitzenden Kapuze und dem lang wie eine schmale Schürze vorn herabhängenden Tuch von weißer Farbe.

Außer dem Predigerkloster, das hier an der Gera noch näher, nur durch den Fluß getrennt, dem Barfüßerkloster der „minderen Brüder" gegenüber lag als in Berlin und Cöln an der Spree solches zur nämlichen Zeit der Fall war, gab es in Erfurt gegen Ende des Jahrhunderts noch fünf Manns- und vier Nonnenklöster und außer einer gar nicht übersehbaren Menge von Capellen, die zum Theil in oder bei den verschiedenen Siechenhäusern eingerichtet waren, sowie außer der Kirche zum heiligen Born und den zwei großen Stiftskirchen volle zwei und zwanzig Pfarrkirchen, deren Pfarrer wenigstens zur Hälfte jedoch vom Decan der Domkirche abhingen, gewöhnlich Vicare des Domstifts selbst waren.

Ehe Erfurt in die Aufschwungsperiode des dreizehnten Jahrhunderts trat, hatte ja der Dom als einzige Pfarrkirche der noch kleinen Stadt ausgereicht und Mitglieder seines geistlichen Staates versahen für den Genuß ihrer stiftischen Pfründen Messe und Seelsorge in den verschiedenen Gotteshäusern, die zum Theil der fromme Sinn der Einwohner selbst gegründet hatte. Bei der Vielzahl der Pfarrgemeinden könnte man die Volkszahl nach heutigem Maßstab leicht überschätzen, wüßte man nicht von einem genau bekannten Beispiel, dem der Michaelis-Pfarrei, die überraschende Thatsache, daß solche Pfarrkirchen mitunter eine sehr beschränkte Anzahl von Gemeindemitgliedern hatten: die Michaeliskirche, gegen Ende des zwölften Jahrhunderts von dem Gefrunden Walther Kerlinger auf eigenem Grund und Boden und aus eigenen Mitteln erbaut, zählte bis 1305 nicht über neun Pfarreigenoſſen." Zugleich bietet aber dieſe kleine Gemeinde, aus lauter reichen Gefrunden=Geſchlechtern zuſammengeſetzt, einen ſchönen Beweis einerſeits für die Opferwilligkeit der Wenigen, denen ja nun auch fort und fort die Inſtandhaltung der Kirche und die Verſorgung des Plebans derſelben mit dem nöthigen Unterhalt oblag, andererſeits für die Freiheit der nicht unmittelbar vom Stift mit Pfarrern verſehenen Gemeinden in der Wahl ihres Seelſorgers, für welche ſich der Erzbiſchof von Mainz nur die Beſtätigung vorbehielt.

Nicht ſo ganz wie ehedem betrachteten alſo die Erfurter die Stiftskirche der heiligen Jungfrau als ihrer aller Mutterkirche, wenn ſie auch geſchichtlich dieſe Stellung einnahm und alle Pfarr=ſprengel der Stadt aus ihrem Schooß hervorgegangen waren. Der Octobertag des Jahres 1253, an welchem die neue Dom=kirche von drei Biſchöfen eingeweiht wurde, war ſicher ein bedeu=tungsvoller Feſttag für die ganze Bürgerſchaft. Indeſſen mit eigenthümlich innigeren Banden fühlte man ſich zu jenem Kloſter hingezogen, das nun ſchon ſeit Menſchengedenken von der alten Burghöhe ſo freundlich auf die Stadt herniederſah: zum Kloſter der Apoſtel Petrus und Paulus.

Am längſten bekannt unter allen Mönchen der Stadt waren den Erfurtern die Schottenmönche. Ins dritte Jahrhundert ſchon prieſen ſie dem Volk ihre iriſchen Heiligen an, ihren Brandan, der ſo viel gelte, als wenn er Chriſti leiblicher Bruder, ihre Bri=gitta, die ſo gut wie die Gottesgebärerin ſelbſt ſei. Verwundert hörten die Erfurterinnen von dieſer heiligen Wunderthäterin der fernen Inſel im Ocean, die, eine ſchöne Tochter Irlands aus ad=lichem Geſchlecht, von Gott die Zerſtörung ihrer Schönheit durch brünſtiges Gebet erreicht und ſo allen Freiern zum Trotz ſich ewige Jungfrauſchaft bewahrt habe. Bis ins dreizehnte Jahrhundert brannte bei ihrem Grab im Kloſter zu Kilbar bei Dublin das Brigittenfeuer, von iriſchen Veſtalinnen geſchürt, und alles drängte sich zu diesem „Haus des Feuers", um an den wunderkräftigen Gebeinen der Heiligen zu genesen. In Erfurt vermochten es die „Schotten" trotz aller Mühe nicht, ihren National=Heiligen und sich selbst zu solchem Ansehen zu verhelfen: man hielt sie für halb verrückt, ja für vermessen, wenn sie mit ihrer Brigitte als wahrer Gottesmutter anfingen, und sie selbst fanden endlich im Klosterkeller den einzigen Trost für verschwendete Worte.

Da hatte man an den Benedictinern auf dem Berg ganz andere Vorbilder des mönchischen Lebens und Wirkens. Wunderpredigten mit eigennützigen Absichten hörte man von denen keine, wenn sie im stillen auch natürlich für stetige Vermehrung der von Anfang an so außerordentlich reich ihnen zuströmenden Besitzthümer Sorge trugen.[51] Aber man wußte, wie fleißig es hinter den Pforten der Umfassungsmauern herging, die an herrlichen Weingärten entlang dieses Kloster herrlichster Lage umfriebeten. Der Oekonomiehof war unter sorgsamer Pflege, wenige Dorffluren weit und breit, in denen nicht Hufen für Sanct Peter in Erfurt trefflich bestellt wurden; aber wenn die Mönche im Rebengrün auch kein Ascetenleben führten, am Fasttag mit dem leckern Braten den Karpfen und Lachs wechseln ließen, sie verwertheten ihre Reichthümer doch auch zu wahrhaft guten Zwecken.

Dem Meister Heidenreich von Achen hatten die Brüder eifrig zugeschaut, als er ihnen den großen Andreas, den Paulus und den silberklar schallenden Petrus gegossen hatte. Feierlich wie eine Kirche hatte man von Bischofshand die schöne Glocke des Apostelfürsten weihen lassen und doch im nächsten Jahr ihr Springen zu betrauern; da machten sich die Mönche selbst ans Werk, mußten freilich erst Lehrgeld geben, — das erste Mal floß ihnen das Metall der Glockenspeise in den Boden —, setzten es aber trotzdem 1247 durch, sich eigenhändig eine Glocke zu gießen. So werden es auch Mönche des Conventes gewesen sein, die nach der Einäscherung des älteren Gebäudes den schönen Bau erdacht und

ausgeführt hatten, der einst so stolz über den baufälligen Stifts=
kirchen der niedrigen Vorhöhe unter vierundvierzigjähriger Arbeit
auf dem Petersberg in die Höhe stieg und nach der festlichen
Weihe des Jahres 1147 nun all den nachlebenden Generationen,
die hier einzogen, eine Stätte rüstigen Schaffens, freudigen
Rastens, zuletzt der Ruhe im ewigen Frieden war.

Und wie zierlich sie kunstreiche Buchstabenbilder auf die Per=
gamente malen konnten, überhaupt auch höhere Künste, zumal
musikalische Studien trieben, wußte man recht wohl in der Stadt.
Man vergaß nicht den Oster=Heiligabend in der Chronik anzu=
merken, an welchem „das Wunderwerk", die große neue Orgel
zum ersten Mal getönt. Von dem Verdienst der Mönche um die
Wissenschaften, vorzüglich durch Geschichtsforschung und Geschichts=
schreibung, konnte nicht jedermann eine klare Vorstellung haben;
die Hoheit der Gedankenarbeit umstrahlte indessen die gelehrten
Herrn gewiß auch in den Augen des gemeinen Mannes, so oft sie
sich in den Straßen zeigten. Sollte nicht auch das Studium der
Medicin, wie es erwiesener Maßen im späteren Mittelalter auf
dem Petersberg blühte, durch menschenfreundlichen Beistand am
Krankenlager die Petersmönche beim Volk beliebt gemacht ha=
ben? Leicht könnten zu ihrem Convent die beiden Aerzte gehört
haben, die um 1283 durch glückliche Curen in der Stadt so be=
rühmt waren, die nie ärztlichen Rath ertheilten, ohne dem Pa=
tienten erst freundlich seelsorgerisch zugesprochen, wo möglich
ihm das Gewissen durch die Beichte erleichtert zu haben, und die
all das nicht wie andere um Gewinn thaten."

Nicht außerhalb der Stadt lag ja das Kloster, wenn schon
an ihrem westlichen Bergrand; dieselbe Mauer umfing die Mönche
und die Bürger, deren Wohnhäuser sich dicht an den Petersberg
anschmiegten. Daher theilten sie denn auch brüderlich Freud und
Leid; die Schicksale von Angriff und Belagerung sowie die häu=
figeren Schrecknisse der Feuersbrünste; mehr als einmal trugen die

Funken und Flugbrände das Feuer von den Heerden, wie man die kleinen Häuschen am Fuß des Berges nannte, auf die Höhe hinauf, so bei der entsetzlichen Katastrophe von 1142, wo mit dem Kloster ein großer Theil der Stadt in Flammen stand.

Manches Bürgers Barschaft steckte in dem schönen Bau, der der Stadt auf lange Zeit hinaus die strahlende Krone aufs Haupt setzte. Zum Heil seiner eigenen Seele und derjenigen lieber Anverwandten gab man mit Vorliebe Gut und Geld ans Peterskloster; „unter dem Anwehen des heiligen Geistes" schenkt ihnen ein Bürger drei Hufen in Bechstedter Flur, die er zu dem Zweck erst gekauft, legt eine vierte noch zu, für deren Besitz vier windische Bewohner des Dorfes die Felder bestellen und auch dem Kloster in Geld zinsen sollen; die Krämerbrücke gehörte bis 1256 zumeist diesen Mönchen; das Marienstift, mit dem sie wohl einmal einen Hausbesitz eines städtischen Gehöfts theilen, nämlich den Zins von demselben, da es ihnen beiderseits geschenkt worden, übertrafen sie längst an Reichthum in liegenden Gründen weit um Erfurt herum und in städtischem Häuserbesitz; setzte das Domstift in Rudstedt kraft seines Kirchenpatronats den Bauern den Pfarrer ein, so that das Kloster in Alach, wo es auch die Gerichtsvogtei hatte, ein Gleiches und in diesem Dorf nicht allein; daß das Erzstift Mainz gegen die glücklichen Petersmönche in Hab und Gut nicht aufkam, bewies schon 1112 Adelberts Zorn, daß dies Kloster „mehr habe als ein Erzbischof". Doch kam es im dreizehnten Jahrhundert vor, daß die Güter in Mittelhausen verkauft, sogar Werthstücke des Kirchenornats den Juden versetzt werden mußten; gleich aber war ein reicher Bürger, Günther Stückeler, bereit „in der äußersten Gefahr des Verlustes", ehe der Pfandtermin abgelaufen war, Geld in Fülle zu spenden, daß man den Schmuck wieder eintauschen und nicht nur jene Güter wieder kaufen, sondern auch fruchtbare Weingärten in Tiefthal von dieser Spende erwerben konnte. Die Liebe der Erfurter zum Kloster erstreckte sich bis auf die Klosterglocken, die man wie beseelte Wesen behandelte, von ihrer Taufe bis zu ihrem Tod theilnahmvoll in ihren Schicksalen begleitete. „Den Convent des heiligen Petrus und alle seine Freunde, die Bürger von Erfurt" erschütterte es im innersten Herzen, als am Allerheiligentag 1296 die herrlichste der größeren Glocken beim Läuten zerberstet; und alle werden freudigen Antheil genommen haben, als die Mönche mit beträchtlichem Kostenaufwand das Jahr darauf den Verlust durch einen an Masse und Klang noch viel schöneren Petrus ersetzten, ja wenige Tage später den Guß eines Benedictus vollbringen ließen.

Kamen nun zu den vielen Geschenken der Bürger große Verehrungen der vier in Erfurt und seiner nächsten Umgebung hauptsächlich begüterten Grafengeschlechter von Gleichen, Kevernburg, Schwarzburg und Rabenswald, besonders der Gleichen, die seit Alters die Schutzvogtei über das Kloster führten und in der Klosterkirche ihr Erbbegräbniß hatten, so kann man sich einen ungefähren Begriff von den auf dem Berg zusammenfließenden Schätzen machen, die bereits 1198 raubsüchtige Hände dazu lockten, in düsterer Nacht mit Beilen die Pforten der Klostermauer aufzuhauen und unter den frommen Gaben etwas aufzuräumen.

Wie glänzte der Altarschrein von Gold und Silber! Welche Purpurpracht köstlicher Decken und Gewänder! Da lag das sorgsam weitergeführte Todtenbuch und nannte all die Wohlthäter, die das Kloster mit Geld und Gut bereichert hatten, neben dem Grafen, der ganze Gefilde, edle Rosse geschenkt, auch die schlichte Bürgerin, die ein „Fingerlin" aus ihrem Schmuckkästchen dem heiligen Petrus vermacht hatte. „Werthvoller als dreifach geläutertes Gold" dünkten die Reliquienschätze, die man vom befreundeten Ichtershäuser Abt erhalten, zumeist aus Erzbischof Wichmanns von Magdeburg dereinstigem Besitz: Gebeinreste Johannes des Täufers, ein Finger des heiligen Laurentius, vom

Märtyrer Georgius ein Stück Rippe, Haare der heiligen Königin Adelheid, sogar Andenken aus dem gelobten Land von Christi Grab. Was würden wir noch heute um die Kleinode des Bücherschatzes von Sanct Peter geben, um den silbernen Codex, von dem wir nur wissen, daß er zwei Pfund wog, um den „dreifachen Psalter", um all die werthvollen Chroniken, die von den Petersmönchen fleißig abgeschrieben und mit mancher Beifügung erweitert wurden, und von denen wir nur gleichsam Trümmer aus dem Schiffbruch der Zeiten in unsere Tage gerettet haben!

Von früher Zeit an war das Erfurter Peterskloster ein Brennpunkt deutscher Cultur. Tief eingetaucht in den ernsthaft kirchlichen Geist der Periode Gregors VII. waren schon die ersten Brüder, die hier unter Abt Giselbert aus dem mit Clüny und dem Papst in so inniger Beziehung stehenden Schwarzwald-Kloster Hirschau lebten. Giselbert lag längst im heiligen Boden Palästinas begraben, aber der kirchlich-wissenschaftliche Sinn erstarb auch unter seinen Nachfolgern nicht. Abt Andreas, vorher Kellermeister des Klosters, setzte in der zweiten Hälfte des dreizehnten Jahrhunderts seinen Convent in den lebhaftesten Verkehr mit fern wohnenden Conventen auch anderer Ordensregeln, und durch seine Gastfreiheit war das Kloster von jeher berühmt.

Wohl kam bei solcher Einkehr der Fremden auch einmal Unfrieden in das Haus von Sanct Peter. Am schlimmsten ging es zu, als im Jahr 1232 der habsüchtige Eppsteiner Erzbischof Siegfried III. hier den Abt von Reinhardsbrunnen traf und über dessen erneute Weigerung, eine verlangte Geldsumme zu erlegen, so zornig wurde, daß er ihm dreitägige Buße im Kloster auferlegte und ihn endlich ganz entkleidet, seine eigene Zuchtruthe in den Händen haltend, vor sich in der Capitelsitzung erscheinen ließ. Das sehen vom Kreuzgang her die Ritter des Landgrafen Konrad, und, von ihnen benachrichtigt, bringt dieser, Rache schnaubend über die Mißhandlung seines Abtes, mit dem gezogenen Messer in die Capitelstube; schon hat er den Erzbischof wüthend beim Haar ergriffen und will ihn durchbohren — da schlagen sich die Anwesenden ins Mittel und hindern das Aeußerste.

Dergleichen Scenen waren aber flüchtig vorübergehende Wolken am friedlichen Himmel des Glücks, in dessen Schirm das Kloster stand. Wie eine stille Insel im tosenden Weltmeer mochte den Mönchen in wüster Fehdezeit oder bei bürgerlichen Unruhen, zumal jener gefährlichen Revolte Volrads von Gotha, ihr Asyl auf der weinumkränzten Höhe vorkommen; weit schauten sie ins schönste Land von ihrer Zelle oder wenn sie im Klostergarten in milder Abendluft nach schwüler Tagesarbeit sich erholten.

Nirgends im Thüringer Land gab es eine so reizend gelegene Abtei, nirgends ein so wohnliches Haus für alle Künste des Friedens. Eine für die frühe Zeit ihrer Herrichtung — das Jahr 1136 — merkwürdig kunstvolle Wasserleitung aus Bleiröhren führte den lautersten Quell auf diesen quellenlosen Berg, auf dem man auch an der Möglichkeit einen Brunnen graben zu können zweifelte. Ein geschmackvoll behauener Felsblock bildete seit einigen Jahrzehnten das Auffange=Bassin für das hergeleitete Wasser und diente zugleich als Spültrog. Die schlanken Thürme der Klosterkirche waren fernhin dem Zuwanderer ein Wahrzeichen der Stadt, wenn die Sonne von dem Zinndach glitzerte. Hölzerne Ueberbaue trugen auf dem einen Thurm die größeren, auf dem anderen die kleineren Glocken, die zur wohlgeprüften Harmonie zusammenklangen, wenn es galt zum Gottesdienst zu rufen. Nachdem ihr lauter Mund verstummt, intonirte langsam feierlich ein besonders musikverständiger Bruder eine würdige Melodie auf der berühmten Orgel, und, war es ein Festtag, so sammelten sich neben den Conventsmitgliedern nicht nur Angehörige der kleinen Gemeinde, der die schöne Pfeiler=Basilica mit ihren zierlich geschmückten Arcadenpfeilern als Pfarrkirche diente, sondern auch die „Freunde des Klosters", die Bürger aus ferner liegenden Gemeinden stellten sich wohl ein.

Für alles war in dem geräumigen Kloster gesorgt: für die Blumen des Lenzes und Sommers diesseit der umschließenden Mauergehege, jenseit für den Segen des Herbstes, wo im October traubenschwer die Reben der Lese harrten; gegen die schlimmen Fröste des Winters schützte die massive Klosterwand durch ihre dicken Steinquader guter Verkittung; Holz lieferten die eigenen Waldungen in Fülle, und die Wölfe konnten durch die verriegelten Thore auch im Januar nicht eindringen, wenn sie blutdürstig die Mauern umschwärmten und in kalter Nacht heulend antworteten auf das Schellenklingen aus dem warmen Schafstall herüber, daß die Mönche im gemeinsamen Schlafsaal aus dem Schlummer fuhren.

So verliefen den Mönchen in sicherer Ruhe gemächlich die Lebenstage, und wenn nicht der plötzlich hereinziehende Troß des Grafenvogts von Gleichen die sorgsame Abhaltung der Seelmessen für all die alten Gleicher, die da in der Gruft ruhten, mit gar zu gierigen Händen im Refector belohnten, wo man eben den frommen Herrn die Tafel servirt hatte, während sie noch bei der Messe sangen, so waren auch die Schüsseln und die Becher nimmer leer.

Noch leben Männer, die jene Riesenlohe gen Himmel schlagen sahen, als preußische Kugeln Feuer in das profanirte Kloster geschossen und ein letztes Mal dasselbe mit der Stadt — diesmal den Franzosen zu verdankende — Leiden theilte. Aber wie unser Jahrhundert das abgelebte Dasein dieses Klosters schloß, so weckte es die Geister seiner Vorzeit aus den Gräbern, und in alle Fernen kommender Jahrhunderte werden, vor Vergessenheit geschützt, die Geisteswerke der Erfurter Mönche von Sanct Peter wirken.

Fehdewesen des Zwischenreichs und Friedensstiftung durch König Rudolf.

Papst Martin IV. war ein berühmter Feinschmecker. Er warf seine ganze Leidenschaft auf Aale, von denen er sich am liebsten die aus dem Bolsenersee in Milch aufbewahren und dann in Wein ertränken ließ. Franzose von Geburt und durch die französische Partei erhoben, hat er den menschenfreundlichen Wunsch geäußert: es möchte da, wo Deutschland liegt, ein großer Fischteich stehen und die Deutschen alle als Bolsener Aale darin herumschwimmen. Als er den Stuhl Petri 1281 bestieg, schien es wirklich, als wollten ihm die Deutschen den Gefallen solcher Verzauberung thun; wenigstens das Bild von den Hechten im Karpfenteich möchte auf keine Zeit unserer vaterländischen Geschichte so traurig wahre Anwendung leiden als auf die Zeit unseres Zwischenreichs, seitdem es dem römischen Bischof gelungen war, den deutschen Kaiserthron der Hohenstaufen umzustürzen. Die Hechte waren die burggesessenen Adlichen, und wer sich zur Gegenwehr nicht selbst Hechtzähne wachsen lassen konnte, fiel ihnen ohne Erbarmen zur Beute.

Die düstere Epoche des dreißigjährigen Krieges zehrte zwar ähnlich grausam und ebenso lange an dem Mark unseres Stammes, aber die hin und her wogenden Kämpfe desselben waren doch mit idealen Strebungen im Anfang, mit dynastischen Plänen im weiteren Fortgang durchflochten. Damals hingegen war Deutschland der Schauplatz eines auf nacktem Eigennutz beruhenden, den Mangel jeglichen Rechtsschutzes grell vor Augen führenden Raufens und Plünderns, wobei die Sitten fürchterlich verwilderten, die Nation ihr besseres Selbst gänzlich zu verlieren schien.

Ueber alle Stände verbreitete sich ein frevelhaft gewaltthätiger Sinn, der alles nach dem physischen Können, nichts mehr nach dem moralischen Dürfen abwog, der sich ohne Bedenken am Leben des Nächsten zu vergreifen wagte. Außer dem glorreichen Zug der Hanseaten über die See gegen Norwegen und etwa dem Kreuzzug gegen die heidnischen Preußen hat die deutsche Geschichte darum aus diesen trüben Jahrzehnten kaum eine einzige nationale That zu verzeichnen; sie wendet am liebsten ihr Angesicht weg von den Räubereien dieser Trauerzeit, welchen man den fast zu guten Namen Fehden gibt.

Thüringen war der Wirrsal so voll wie kaum irgend ein anderes Glied des sogenannten Reiches. Das lustige Zechen und Banketiren, das noch so eben den thüringischen Bauer bei dem Bodensegen seiner Heimath erfreut, ja in der uralten Kirmsen-Freude ihn zu toller Ausgelassenheit, zur Schlemmerei verführt hatte, so daß 1259 das Erzstift Mainz in seinen thüringischen Archidiaconaten die Kirchweih aller Dörfer auf einen Tag, den achten nach Martini, verlegt, — es verstummte gar bald und machte dem Nagen am Hungertuch Platz, als die wilde Jagd des Raubritter-Adels immer ärger zu werden begann, das Säen ohne sichere Aussicht auf eine Ernte eitle Mühe dünkte, keine Dorfmauer vor dem Einwerfen der Feuerbrände schützte.

Da erst fühlten die Städter ganz, was sie an ihrem „Burgfrieden" für einen köstlichen Schatz besaßen. Die Befestigung der Stadt tüchtig zu erhalten und zu verstärken war damals die wichtigste Sorge der Bürger, ein fortwährender Abfluß des Stadtvermögens, der aber mehr als jeder andere der Gesamtheit zu gute kam. Auch Erfurt rüstete gewaltig, denn es hatte viel zu schützen. Nicht mehr so elend oder gar nicht bewaffnete Haufen, wie sich zur Abwehr der Markgräflichen, aber nur mit bitterem eigenen Verlust an Todten, Verwundeten und Gefangenen noch 1249 vor die Thore gewagt hatten, sendete das jetzt unter jugendlich kräftiger Selbstverwaltung erblühende Erfurt aus; in trefflich gerüsteten Haufen sah man im Fall der Noth die Handwerke zusammentreten, die Reicheren, zumal die Gesunden, auf bepanzertem Streitroß durch die engen Gassen galoppiren, wenn die Sturmglocke Feindesgefahr kündete.

Wie oft mögen in den Jahren lüsterne Raubschaaren vor dem weißen Rad im rothen Schild Fersengeld bezahlt haben! Wie mancher Handelszug fremder oder einheimischer Kaufleute wird von den Raubnestern her überfallen worden sein, wenn er sich auf den beschwerlichen Wegen, durch die tiefen Waldungen Mittelthüringens der Landeshauptstadt zu bewegte. Kein Zweifel auch, daß mancher Schaden, mancher Hohn die Bürger zur heftigsten Rachsucht trieb, die ihr Feuer nicht anders als in der Vernichtung des Gegners kühlen wollte. Zuerst die Angegriffenen, wurden auch die Bürger Erfurts dann die Angreifer, und wir können selten sagen, auf welcher Seite bei solchen Fehden das meiste Unrecht war.

Mit dem bald so übel berüchtigten Wettiner Albert muß Erfurt bald nachdem er von seinem Vater, Heinrich dem Erlauchten, die Landgrafschaft Thüringen zu eignem Besitz überwiesen bekommen, in Fehde gerathen sein; indessen wissen wir von derselben nur durch den uns erhaltenen Sühnebrief aus dem Märzmonat 1265. Spurloser noch werden gar viele kleinere Waffenthaten unserem Blick entschwunden sein. Erhalten aber dem Gedächtniß ist der Ruhm des Jahres 1268, in welchem die Erfurter Bürgerschaft ein erstes Mal, mit gewappneter Hand einen Widersacher bewältigend, sein Gut dem Gemeindegut zulegte und damit die seit unvordenklichen Zeiten unveränderten Grenzen des Weichbildes nordwärts erweiterte, die Marksteine mit dem Erfurter Rad um das Gebiet der Herrn von Stotternheim aufpflanzte, auf welchem deren feste Burg bisher so unüberwindlich gestanden und nun nur noch in kolossalen Trümmern den Erdboden deckte. Das

Areal dieses ersten auswärtigen Besitzes der Stadt war nicht sehr groß, mancher Erfurter Bürger hätte es sich selbst als Landgut samt seinen Feldern und Baumpflanzungen „bis an die äußere Grabenlinie" kaufen können, denn nur auf 150 Mark wurde es geschätzt. Stolz indessen durfte man doch darauf sein, den Angriff so glücklich vollendet zu haben, daß Ludolf von Stotternheim und seine Söhne den Bürgern, in deren Gefangenschaft sie gerathen waren, nun in Form eines gütlichen Vergleiches ihre Besitzung für die genannte Summe verkauften, zu demselben Werth aber Haus und Hof innerhalb der Stadtmauern Erfurts mit dem Bürgerrecht kauften und diese gekauften städtischen Güter als Burglehen von der Stadtgemeinde übernahmen, während der Landgraf, von welchem sie ihre nunmehr zerstörte Feste Stotternheim als Burglehen getragen hatten, ihr Dienstmannenverhältniß löste und ihnen noch 50 Mark zur Beschaffung von nöthigen Geräthen schenkte.

Die Unsicherheit vor den Thoren dauerte natürlich fort, und, je mehr der Wohlstand der Bürger auf dem Landbau beruhte, desto empfindlicher mußte das ewige Plündern werden. Der Kaufmann konnte sich für seinen gefährlichen Zug durchs offne Land mit Genossen zusammenthun und reisige Knechte zum Schutz dingen. Wie aber, wenn zur Ernte oder zur Weinlese die Bürger mit ihrem Gesinde fast gleichzeitig in oft weiten Entfernungen von der Stadt zu arbeiten hatten und sich raublustige Edelleute ins Versteck legten, um sich des Abends bei der Heimfahrt des hochgethürmten Erntewagens, oder der vollen Leiten mit der süßen Traubenlast zu bemächtigen? Schon solche Rücksicht führte zu einer neuen Verwerthung des durch Vermögenssteuer und Ungeld vom Wein mit jedem Jahr trotz Ungunst der Zeiten reichlicher sich füllenden Gemeindeschatzes: man bildete sich eine Söldner=Miliz, indem man handfeste Knechte aus der Umgegend für den ehrlicheren Stegreif=Verdienst gewann.

Auf dreihundert hatte man 1275 ihre Zahl gebracht und wollte nun den Herausforderungen umwohnender Edeln, wie sichs gebührte, nachkommen. Nicht gering war die Gefahr, der man sich damit aussetzte, denn mächtige Grafen, ja der eigene Stadtvogt, Graf Albert von Gleichen, waren mit unter den Gegnern, und nicht Rechtsschutz, sondern Rache war die Losung. Züge aus dieser stürmischen Zeit müssen es sein, die uns in einer Reihe von Klagepunkten des Grafen Albert gegen einzelne vornehme Bürger erhalten sind.⁸³ Da sollen ihm nicht nur die Erfurter seine Leute beim Graben eines Fischteiches in Alach unsanft gestört und ihn damit um mehr als sechzig Mark geschädigt, seinen Dorfvogt in Ditelstedt mißhandelt und diesen Ort in Brand gesteckt, sondern auch das Dorf Hochstedt gänzlich zerstört und es zugelassen haben, daß man sich an seinem Gerichtshalter Sifrid Riese vergriff, ihn verwundete und gefangen setzte; dieser oder der „Vogt Wolpert", an den Marquard Schwanring gewaltsame Hand legte, ist vielleicht sogar des Grafen städtischer Untervogt gewesen. Und wessen beschuldigt Graf Albert nicht sonst noch die Feindseligkeit einzelner Gefrunden! Besonders Berthold von Gotha ist der Uebelthäter: er hat einen Müller aus dem Vogteischutz des Grafen gefangen genommen, daß er sich mit fünf Mark lösen mußte, manche andere mißhandelt und ausgeplündert, ist fünf- oder mehrmal in Ditelstedt eingedrungen und hat die Gleichensche Gerichtsgewalt ebenso hier durch eigenmächtige Pfändung verletzt — nicht einmal den Hausfrieden ehrend, Thür und Thor erbrechend — wie in Marbach, wo er sich erlaubte über Mord zu richten; er oder sein Knecht hat des Grafen Diener Kapuz, der den Auftrag hatte, beim Vogt bei Pfändungen beizustehen, ergriffen und „wie einen Räuber" vor Gericht geschleppt mit der Forderung, er solle enthauptet werden; ja Bertholds Schwiegersohn hat gar den Gerichtsbüttel des Grafen auf offner Straße niedergestochen; Heinrich von Gotha, wohl der Sohn Bertholds, mußte sich durch die Söldner Deckung schaffen, als er das Getreide, das ihm in der Ermelstedter Flur gewachsen, schneiden lassen wollte, dafür schnitt er den Leuten des Grafen Albert zehn Acker Hafer weg.

Dabei kommen Verhältnisse mit zur Sprache, die uns zwei in jenen Tagen gewiß reich fließende Quellen nothwendiger Zwietracht zwischen der Stadt und dem benachbarten Adel erkennen lassen: der Graf von Gleichen beschwert sich, daß die Erfurter ihm („für den Kauf unserer Burg Tonna") zum Osterfest 100 Mark versprochen, diese Summe zu zahlen aber bis Jacobi verzogen hätten, obgleich er seine Ritter zu unablässiger Mahnung in der Stadt liegen gehabt, und daß sie Männer aus seinen Vogteien zu Mitbürgern aufgenommen. Wie konnte der Wunsch, aus der ewigen Unsicherheit von Leib und Leben auf dem platten Land durch Eintritt in den Bürgerverband der mächtigen Gemeinde zu kommen in dieser Faustrechtszeit verstummen, und wie hundertfach mochten die Geldanliegen des Grafen- und Ritteradels bei reichen Städtern sein! Als Erzbischof Werner und Graf Heinrich von Hohnstein die Fehde zwischen den Erfurtern und den Edeln — die, wie es scheint, nur einige Wintermonate, bis in den April 1275 gedauert hatte — durch gegenseitige Verzeihung aller gethanen Schädigungen schlichtete, suchte man zwar jene beiden Zwietrachtsquellen zu verstopfen: gegen allgemein gültige Anschauung hätte es verstoßen, einer Stadt die Befugniß der Ertheilung des Bürgerrechts an hereinziehende Landleute zu nehmen, indessen all die Herrn, die eben das Schwert gegen Erfurt geführt, außer dem Gleicher die Grafen von Kevernburg, Rabenswald, Orlamünde und Stolberg und die Brüder von Heldrungen setzten doch durch, daß ihre eignen und vogthaften Leute, die zu Bürgern in Erfurt aufgenommen, bis zum Michaelisfest, also ungefähr innerhalb eines halben Jahres von ihnen reklamirt werden könnten, fernerhin dagegen die gewöhnliche Verjährungsfrist von zwölf Monaten gelten solle für Aufhebung alles Anrechts an solchen früheren Unterthanen; und — eine wichtige Schlußbestimmung! — um ihre Schulden sollten die genannten Grafen und Herrn seitens ihrer christlichen wie ihrer jüdischen Gläubiger in Erfurt bis zum künftigen Martinstag Ruhe haben."

Der Geldpunkt ist es offenbar auch gewesen, der den ununterbrochen geldbedürftigen Verschwender Landgraf Albert von Thüringen zu einer immer intimer werdenden Haltung Erfurt gegenüber vermochte. Eine ganze Reihe Schutz- und Bündnißurkunden dieses berüchtigten Rothbarts mit der Stadt sind uns erhalten, ausgestellt immer auf eine genau bemessene Zeit, ohne Frage jedesmal von neuem erkauft mit Silber und Münze. Und ganz ähnlich stand der Grafenvogt Albert zu Erfurt, wie es scheint, in sehr materieller Verpflichtung. Was da auf dem vergilbten Pergamentblättchen von 1272 zu lesen ist, von ihm bekräftigt mit Anhängung seines runden Löwensiegels an grün-rother Seidenschnur, berechtigt ihn nicht zu amtlichen Strafworten, wie sie sonst dem Stadtvogt wohl angestanden hätten; er gibt sich da vielmehr ganz in die Macht des Raths, ohne dessen Einwilligung er keine Fehde mehr zu führen verspricht. Nach den Ereignissen von 1275 ist sein Verhältniß zur Stadt ein noch abhängigeres geworden: am Michaelistag 1277 erneuert er das Schutz- und Trutzbündniß und tritt gleichzeitig als Ehrenbürger in den Gemeindeverband, eine Darreichung von hundert Mark Silber unter der Bedingung entgegennehmend, daß er für dies Kapital zehn Mark Jahresrente kaufen und diese als ewigen Erbzins, von der Stadt ihm verehrt, beziehen wolle; die Bürger haben ihm also mit andern Worten die Nutznießung des Kapitals geschenkt und wollen sich nur den Bestand desselben dadurch sichern, daß sie es auf sichere Grundstücke ausgethan sehen wollen."

Wie vielfach benachbarte Herrn Furcht vor ihren Erfurter Gläubigern hatten, beweist das Nachsuchen um freies Geleit beim Rath, der es sich aber 1278 zur Regel machte, Durchziehenden dasselbe nur mit Genehmigung ihrer Gläubiger zu ertheilen, ausgenommen den Landgrafen Albert (dessen Preziosen allgemach sämtlich in die Pfandschreine der Erfurter Juden wanderten), seine Verwandten und Räthe nebst den „vierundzwanzig Aufrechterhaltern des neuen Friedens".

Ein bemerkenswerther Anfang, Vorkehrungen zur Befriedung des Landes zu treffen, muß also, nach solchem Ausdruck zu schließen, kurz vorher in Thüringen gemacht worden sein. Aber welch ein Landfrieden! Der verbrecherische Landgraf, der das Wettiner-Regiment als wahres Mißregiment nach Thüringen brachte, dachte nur an gemeinen Genuß, an Zechen und Buhlen, Jagen und Schmausen; wahrlich nicht wie einen Landesherrn sah man ihn in reiche Abteien, etwa ins stille Pförtner-Kloster, mit seinem ungestümen Troß von Rittern und Jägerbuben bei nächtlicher Weile einfallen, alles aus dem Schlaf emporschreckend mit wüstem Geschrei, er selbst in aller Rohheit und Frechheit es dem letzten seiner Stallknechte gleich thuend, — wenn der Magen wieder gefüllt, der Klosterkeller wacker geleert, hat er nicht eher zum Aufbruch die Hörner blasen lassen, als bis der Abt sein bestes Roß, gesattelt und gezäumt, ihm zur Belohnung für den höflichen Besuch gegeben.

Wie sehnte sich diesem Albert gegenüber der Thüringer nach seinem alten Landgrafenhaus, nach dem frommen Ludwig, selbst nach dem Heinrich, der die deutsche Krone aus Pfaffenhand genommen! „Daß die ohne Erben sind gestorben!" — so jammerte man weit und breit.

Eben der Landgraf Albert war es, der mit seinem Bruder, Markgraf Dietrich von Landsberg, den kaum geschlossenen Frieden 1277 brach: da, wo die Ilm so friedlich am Waldgelände durch die Wiesen zieht, brachten beide die Burg des Grafen von Berka mit Waffengewalt in ihre Hand, und dies Gewaltstück ward die Zündfackel für allgemeinen Aufstand gegen solche Landesherrschaft. Albert mußte sich bemüthigen, die kaum gewonnene Burg herausgeben und den Frieden erneuern; dies war vermuthlich erst jener „neue Friede" mit dem Hüteramt der Vierundzwanzig.

Die Erfurter wußten wohl, was Wort und Handschlag, Brief und Siegel in der eisernen Zeit bedeuteten. Aus gutem Grund werden sie ihrem Albert Geld und Bürgerrecht nach jüngst gebrochenem Vertrag geschenkt haben, da er so eng mit seinen Burgen, seinen Leuten ihr Gebiet umfaßte, ihn und den zum Glück nie gegen bares Geld unempfindlichen Landgrafen gut Freund sich zu erhalten, hieß am Ende für den Augenblick das Stadtvermögen besser anwenden als zu neuem Mauerbau, wobei die Lebensadern des zu= und abströmenden Stadthandels von wenigen Rotten wegelagernder Gesellen unterbunden werden konnten.

Aber zu der Unsicherheit draußen vor den Mauern gesellte sich in diesen Jahren eine immer gefährlicher werdende innere Verwickelung.

Seit 1259 saß wieder ein Eppsteiner auf dem erzbischöflichen Stuhl: Werner, der Neffe des dritten Siegfried, unter dem die Schatzmeister der Kirchen und Klöster einst geseufzt. Bis auf einen Zwist die Juden der Stadt betreffend, der jedoch 1265 wieder ausgeglichen worden, hatte Erfurt bisher mit ihm in Ruhe gelebt."⁰ Da störte zuerst gegen die Mitte der siebziger Jahre eine aus geringem Anlaß sich herschreibende Gewaltthat den Frieden: die von der Stadt gedungenen Söldner hatten sich zu müßiger Stunde über den Gutshof des Erzbischofs im Brühl hergemacht, ihn förmlich erobert und der Einsprache, die der Rath dagegen erhoben, nicht geachtet. Natürlich war aus diesem Vorgang seitens der Erzbischöflichen ein Kriegsfall gemacht worden und die Stadt schwebte schon in der Gefahr eines neuen Bannfluches. Am Sonnabend nach Martini 1275 sehen wir die Vorstände der fünf angesehensten Mönchsklöster der Stadt in dem erzbischöflichen Hof versammelt, um auf den Wunsch der gegenwärtig regierenden Rathsmannen das abgetretene Rathscollegium für diesen unter seiner Verwaltung geschehenen Exceß zum Schadensersatz zu vermögen und so der Bürgerschaft schlimmere Folgen solcher mangelhaften Autorität zu ersparen. Der alte Rath ließ sich auch bereit finden, sofort aus eigener Tasche eine Entschädigungssumme für den nicht verhinderten Frevel einer Vertrauensperson zur Uebermittelung an den Erzbischof zu übergeben, nachdem drei eiblich zur Aussage der Wahrheit verpflichtete Zimmerleute die den Gutsgebäuden zugefügte Beschädigung abgeschätzt hatten; eine weitere Cautionssumme nahmen die nunmehrigen Consuln von ihren Vorgängern noch für den Fall in Empfang, daß rechtlich ein größerer Kostenaufwand nachgewiesen würde, um alles wieder ins Gleiche zu bringen.

Gerade in diesen Tagen" wurde ein für das Schicksal Erfurts noch verhängnißvollerer Act in der neuen Dörnze des Rathhauses vollzogen: Meister Heinrich von Kirchberg trat als Rechtsbeistand in die Dienste der Stadt. Ein Mann von bedeutendem Ruf, umfassender Gelehrsamkeit, weltmännischer Erfahrung, von dessen Ehrlichkeit allerdings die einen so, die andern anders dachten. Er kannte ja aber das geschriebene Recht, hatte den großen Canon Justinians in Bologna studirt und war darauf hin sogar Doctor, in Paris schon vorher Magister geworden; er war es gewesen, der 1253 die kirchen=musikalischen Compositionen des Markgrafen Heinrich dem Papst überbracht hatte, und an seine in Rom erworbenen Ehren erinnerte ja noch die stolze Titelumschrift seines Siegels: Subdiacon des Papstes. Die ihm ertheilte Meißner Domherrnstelle hatte er quittirt, weil er seines Bischofs Forderung, die Pfründe auch in Meißen zu verzehren, schon in Anbetracht des sauren Weines, den dort die Berge trügen, gar zu hart befunden, aber in Advocatenkünsten seinen Scharfsinn leuchten, dabei auch seine Taschen — wo möglich von beiden Parteien — füllen zu lassen, machte sein Leben aus.

Von der Elbe bis an den Main hatten ihn seine Processe

schon wacker herumgeführt; nun zog er ein mit seinen pergament-
nen Orakeln in das Haus, das ihm am Gerastrand die vielge-
plagte Bürgergemeinde öffnete. Zunächst wollte man ihn wohl zur
Führung der gewiß massenhaften Rechtshändel benutzen, in welche
die Stadt durch Schuldverschreibungen thüringischer Edelleute gekommen war, die für etwaige Mahnungen vermuthlich immer lange
Gegenforderungen zu stellen pflegten, wenn die Zeit dem kürzeren
Schwertverfahren zufällig abhold war; darauf wird Kirchbergs
ausdrücklicher Zusatz gehen, den er seinem Bestallungsbrief ein-
fügen ließ: nur für Sachen der Gemeinde, nicht einzelner Bürger
verpflichte er sich als Anwalt. Jedoch bald that sich ihm ein viel
größerer Schauplatz auf durch die zunehmenden Mißhelligkeiten,
in die Erfurt mit dem Erzstift Mainz gerieth, — ein schlüpfriger
Boden für einen Charakter, wie ihn Kirchberg nach zuverlässigen
Andeutungen hatte.

Wir hören zwar aus einem, wahrscheinlich im Frühling 1277 [**]
ausgestellten, Versöhnungsschreiben Erzbischof Werners neben sehr
allgemeinen Reden über Güter und Rechte des Erzstifts, denen
die Bürger zu nahe getreten seien, nur von den Leinwandbuben
vor den Graben, die der Rath dem Erzbischof wieder frei zu geben versprochen, und von dem „schweren Frevel an unserem Marstall, geschehen in unserem bischöflichen Hof zu Erfurt", wofür nun
„Genugthuung geleistet" sei. Indessen an Gelegenheit zu weite-
rem Hader fehlte es nicht; ihn bot das unheilvolle Nebeneinander
erzbischöflicher und städtischer Gerichtscompetenzen, die sich doch
nur der Theorie nach beständig unterstützen konnten, alle Tage.
Da waren zwei Pferde vor der Stadt weggenommen und vom
Mainzer Schultheißen denen, die sie genommen, abgepfändet worden; der Rath aber war anderer Meinung über den Fall und ließ
die Pferde mit Gewalt holen, um sie jenen wieder zuzueignen;
und wie oft mag über Gewährung und Nichtgewährung des freien
Geleits durch Stadt und Weichbild Irrung entstanden sein, da

auch hierbei die erzbischöflichen Beamten und der Rath concurrirten! Dann hieß es ferner, Bürger hätten sich an einem von der Münzergilde und an dem Vicar des Vizthums von Apolda am Gericht vergriffen, ja selbst das Durchprügeln zweier Burgmannen auf Schloß Tonndorf machte ihnen der Erzbischof zum Vorwurf, da allerdings der Sohn seines eigenen Vizthums die Prügel ausgetheilt, eben dieser aber eine Tochter des Gesrunden Hut des Langen zur Frau hatte.

Aus solchem Gezänk ist nun auf einem uns völlig unbekannten Weg ein Rechtskampf von ähnlich langer Dauer und ebenso gefährlicher Art hervorgegangen, wie einst der zwischen Erfurt und Werners Oheim Siegfried von 1242 gewesen war. Uns ist nur bekannt, daß im Herbst 1279 abermals der Bannstrahl von Mainz auf Erfurt niederzuckte, im nächsten Jahr ein großer Theil der Geistlichkeit die Stadt verließ und erst am 10. April 1282 die Aussöhnung dahin führte, daß die vertriebenen Geistlichen ehrenvoll von Rath und Gesrunden-Adel wieder in die Stadt zurückgerufen wurden, — Erfurt den Frieden wie immer mit schwerem Geld erkaufen mußte, indem es an die Geistlichen 300, an Werner ungefähr 1000 Mark zahlte.

Nur eine einzige Gestalt blickt aus dem Dunkel der damals geführten Verhandlungen bei jeder Wendung in eigenthümlichem Licht hervor: die Heinrichs von Kirchberg. Er erfüllt die Oppositionspartei mit Muth, erreicht anfangs günstigen Erfolg durch Berufung an den Papst, führt mit tausend Gründen seiner Rechtsgelehrsamkeit bei nochmaliger Untersuchung der streitigen Punkte wirklich einen Widerruf des Geschehenen und dadurch eine versöhnlichere Stimmung des Erzbischofs herbei, verfällt aber gerade in diesem Augenblick in eine hitzige Feindschaft mit demjenigen Theil des Stadtclerus, der seine Gründe nicht achtet und den Gottesdienst eingestellt läßt; über diese renitenten Geistlichen ergießt sich nun die Volkswuth: sie finden es gerathen, die Stadt zu räumen, erhalten natürlich bald Grund zu gerechten Klagen über Angriffe auf ihr hinterlassenes Eigenthum und verlangen Wiederaufnahme, die man ihnen verweigert, bis sie Mann für Mann erklären würden, die Stadt leide ungerecht den schwer lastenden Bann.

Nicht von einer Widerspenstigkeit gegen die Kirche kann der Streit ausgegangen sein: wenigstens acht Pfarrgeistliche sind der Appellation an den Papst gegen das Erzstift beigetreten; aber nun verbitterte sich der Kampf, so daß der Rath in der Mitte des Jahres 1281 das Verbot jeglicher Uebertragung unbeweglicher Güter an Kirchen, Klöster und geistliche Personen erließ, und Kirchberg trotz neuer Anrufung des Papstes, trotz Erschöpfung von Bibel und Rechtsbuch, trotz aller Leidenschaftlichkeit seines Wesens, aller Rastlosigkeit eines ehr= und geldgeizigen Sachwalters den Nimbus verlor „ein Thurm des Rechts" zu heißen. Man mußte schließlich die Segel streichen, und mehr als der Sturm scheint für die Weiterfahrt durch den Strom der Zeiten dem Staatsschifflein die Bestechlichkeit des Steuermanns zum Unsegen gereicht zu haben. Mit pomphaften Aufzügen und großen Worten konnte der vielgewandte Meister nicht lange die Aussichtslosigkeit der städtischen Sache seinen Auftraggebern verdecken, und wenn er sich heute Abend bei der Heimkehr von einer neuen Conferenz mit bestelltem Jubel, ja mit Fackelglanz empfangen ließ, so konnte er morgen früh von dem Taumel sich gründlich ernüchtern, wenn er die saubern lateinischen Verse las, die, von den Schülern an Wand und Mauern geschrieben, seine Geldgier und seine Afterweisheit besangen, den Meister der Sorbonne als Auswurf des Clerus, den Decreten=Doctor als Vater des Irrthums, Unterbrücker der Wahrheit geißelten."

Ein schändlicher Verrath, den Kirchberg mit Documenten auszuführen gedachte, die man ihm bei der Führung des langwierigen Processes anvertraut hatte, und durch die er nun seinen Feinden schaden wollte, macht es wahrscheinlich, daß man nicht mit Unrecht ihm nachsagte, er habe unter dem Deckmantel aufrichtiger Freundschaft gegen den Erzbischof ihm um Judaslohn die Bürger verrathen. Um seine Stellung in Erfurt war es geschehen, als man die von ihm bekämpften Stifts- und Klostergeistlichen, den Petersabt an der Spitze, freudig willkommen hieß noch in der Woche vor Ostern, um das schöne Fest als eine Auferstehungsfeier auch der inneren Eintracht zu feiern, die herrlichen Orgelklänge wieder im Dom und in der Peterskirche zu vernehmen, dem Gottesdienst wieder zur Weihung alles irdischen Lebens seine alten Ehren zurückzugeben.

Aber wie wenig nach Frieden sah's im Umland aus! Ganz Thüringen war zur Zeit des Erfurter Interdicts wie in zwei Feldlager getheilt; die Grafen von Gleichen, Kevernburg, Brandenberg und Lauterberg waren die Häupter der für den entarteten Landgrafen und seinen Bruder Dietrich von Landsberg kämpfenden Partei, eine zahlreiche Schaar des niedern Adels, an deren Spitze der Graf von Berka mit dem Schenken von Vargula stand, führte das Schwert für den jüngeren Sohn Alberts, für Dietzmann. Neutral zu bleiben bei dieser über das ganze Land wie ein hin- und herziehendes Gewitter sich lagernden Fehde zwischen Vater und Sohn hätte so viel bedeutet, als sich doppelseitig peinigen lassen. Erfurt war daher gezwungen mitten im brennendsten Conflict seines Verfassungskampfs seine Stellung auch im thüringischen Adelskrieg zu nehmen: es ließ sich 1281 von Albert und dessen Bruder in den „allgemeinen Frieden" aufnehmen, wie die uns erhaltene Urkunde des Landgrafen sagt, „um der Schirmung durch den heiligen Frieden sich zu erfreuen", thatsächlich um sich als stärkstes Bundesglied der einen Partei seiner Haut gegen die andere zu wehren.

Ein Ehrentag ähnlich dem von 1268 brach aus der gefährlichen Kette feindlicher Burgen, die von Vargula an der Unstrut bis an die Ilm reichte und gerade in der nächsten Nähe vor den Ostthoren der Stadt am Nordabhang des Ettersberges ihre stärkste Stelle hatte, ein schlimmes Glied heraus: am 12. Mai 1281 zerstörten Erfurts Bürger die Burg Neumark an der Vippach-Quelle, und nie wieder hat sich da ein Raubnest erheben dürfen. Rache schnaubend warf Dietzmann freilich Feuer in die Dörfer um Erfurt, aber eben damals war es, wo die Erfurter Weber ihren Triumph feierten und dem jungen Herrn und seinen Waffengenossen blutig die Wege wiesen. Mancher Bürger und Ritter mag trotz dem großen Christoph in der Schildecke das Leben auf dem Kampfplatz ausgehaucht haben, mancher hinterbliebenen Familie wird der Rath aus dem Stadtseckel für den Tod eines im Stadtdienst gefallenen Kämpen den traurigen Lohn ausgezahlt haben wie 1282 jenen Brüdern von Alrestete, deren Vater im Ritterdienst für Erfurt umgekommen und die für allen dadurch erlittenen Schaden 50 Mark Silber „als Sold" aus der Stadtkasse empfingen.

Mit mannigfachen Wechselfällen tobte der kleine Krieg weiter: Dietzmann gerieth in die Gefangenschaft seiner Gegner und ward dem Vater ausgeliefert, der ihn ein ganzes Jahr auf der Wartburg einsperrte, bis es wegkundigen Freunden und Knechten desselben gelang, ihn samt guter Beute bei Nacht und Nebel von der Eisenacher Feste herabzuholen; Landgraf Albert wurde selbst des Streites müde und ließ den Bruder Dietrich allein weiterkämpfen: da, als sich eben die Fehde wieder bei der Ilmburg Berka fest rennt, sprengt Dietzmann statt durch Waffengewalt den gegnerischen Bund durch seine Verlobung mit Jutta von Henneberg, einer nahen Verwandten der Grafenhäuser von Schwarzburg und Kevernburg.

Auch Erfurt machte im März 1286 seinen Frieden mit Dietzmann,⁶⁰ und die ganze Bewohnerschaft jauchzte dem neuen Erzbischof Heinrich, dem Sohn eines Bäckers aus Isni im Schwabenland, entgegen, als dieser das Jahr darauf erschien, um im Auf-

trag des sieghaften Habsburgers Thüringen den Frieden zu schen=
ken. Mit der getreuen Tochter gedachte er einen endgültigen Ver=
gleich zu schließen und in bieder deutschen Worten verhieß er den
Bürgern alles auf rechtlichen Grundlagen unparteiisch erledigen
zu wollen; man schrieb es der Mitwirkung des heiligen Geistes
zu, daß es ihm sogar gelang den Adelshader mit freundlich ent=
gegenkommendem Sinn beizulegen und am 25. Februar 1287 die
Landfriedensurkunde für das Thüringer Land allerseits feierlich
bekräftigen zu lassen.

Indessen das nächste Jahr zerriß auch diesen Friedensbrief
durch den Tod des greisen Markgrafen Heinrich des Erlauchten
und schleuderte abermals die Kriegsfackel ins Wettiner Fürsten=
geschlecht. Thüringen hätte noch lange auf sicheren Frieden war=
ten können, hätte nicht der König Rudolf sich entschlossen, endlich
selbst in Norddeutschland sich zu zeigen. Und die Stadt Erfurt
war es, die er sich zur Residenz erkor auf die Dauer seines zunächst
dem so lange heimgesuchten Thüringen gewidmeten Friedenswerkes.

Beinahe auf ein volles Jahr wurde dadurch Erfurt des deut=
schen Reiches Hauptstadt. Welch ein Tag dieser 14. December
1289, als dieser erste Habsburger mit dem glänzendsten Gefolge
von Fürsten und Edelleuten seinen Einzug hielt! Mochten die
andern aber noch so herrlich in Waffenrüstung und buntem Wap=
penschild auf prächtigem Roß zu schauen sein, aller Blicke ruhten
doch auf dem hageren Mann von 6′ Länge, dessen blasses Ge=
sicht mit der gewaltigen Adlernase so freundlichen Auges der
Menge zuwinkte, auf dessen längst bewährte Regentenkraft man
seine letzte Hoffnung setzte. Kaum waren die Jubelhymnen in der
Domkirche verklungen, in welcher man ihm mit dem Kostbarsten,
das man kannte, mit den Reliquien der Heiligen, festlichen Em=
pfang bereitet, so rückten über die Schneefelder nach dem Wald
zu die streitbaren Bürger von Erfurt, um auf Befehl des Königs
dessen gestrengem Landfriedensgebot zusammen mit seinen eigenen

Rittern kräftig Nachachtung zu verschaffen. Die 29 Raubritter, die man auf dieser lustigen Ausfahrt in Ilmenau fing, wurden bereits am 20. December auf dem Rabenstein gerichtet, als Erzbischof Gerhard von Eppstein, Werners Vetter, auf stolzem Zelter — den nach altem Brauch sein Marschall darauf geschenkt bekam — in Erfurt den ersten Einritt hielt.

Was bekamen die Erfurter aber sonst noch für Augenweide in diesen Tagen, wo aus allen Gauen des deutschen Vaterlands die geistlichen und weltlichen Großen hier zum Reichstag zusammenströmten, den König Rudolf auf den Weihnachtstag anberaumt hatte! Endlich sah man auch wieder friedlich mit einander den Landgrafen Albert mit seinen Söhnen Friedrich und Dietzmann in Erfurts Gassen, bemerkte aber wohl weniger den wackeren Burggrafen Friedrich von Nürnberg, der vermuthlich als erster Hohenzoller in Erfurt damals einkehrte und dessen späte Nachkommen einst besser über Thüringen walten sollten als der entartete Albert.

Viele bedeutende Reichserlasse sind auch in den folgenden Monaten vom König und seinen fürstlichen Rathgebern aus Erfurt ausgegangen; überall findet man noch die Pergamente mit dem riesigen Rundsiegel rothen Wachses an bunter Seidenschnur in den Archiven mit dem Datum Erfurt, und Rudolfs Bild ist sauber in das Wachs gedrückt, wie er mit den Reichsinsignien auf dem Thron sitzt und seines Amtes wartet. Seine Befehle stifteten von Erfurt her Ordnung in den Landen von der Alpenhöhe bis zum Friesenstrand, von Schlesien bis zur wälschen Grenze, ja mit Berufung auf seinen eigentlichen Vorgänger im Reich, den großen Staufer Friedrich, wurde in Erfurt noch einmal am 31. August 1290 die erledigte Ungarnkrone von deutscher Königshand verliehen; von den das ganze Vaterland berührenden Rechtssprüchen aber war wohl keiner ein schönerer Beweis fortgeschrittener Cultur als derjenige, den Rudolf am 10. September desselben

Jahres in Erfurt fällte: daß die Entscheidung über Recht und Unrecht nur noch im Fall eines Hochverraths durch Waffenkampf der Parteien erfolgen solle.

Am gründlichsten arbeitete der König Thüringen selbst aus der Verwirrung des mehr als dreißigjährigen Zwischenreichs heraus, das ja hier erst soeben seine Endschaft gefunden hatte. Auf dem eigentlichen Heerd des Unfriedens, an dem sich nur zu oft die Fehbelust im ganzen Land entzündet, wurde der Brand der Zwietracht gelöscht, als der Habsburger am 6. Mai 1290 sein Siegel an die Urkunde hing, mit welcher Landgraf Albert seinem Sohn Friedrich, der ihn noch zu guter letzt zwischen Eisenach und Gotha gefangen genommen, die Hand zur Versöhnung reichte. Ganz Thüringen, Kirchen und Klöster nicht ausgenommen, mußten zur wirklichen Aufrechterhaltung des Landfriedens beisteuern, jedoch das Geld wurde auch zum allgemeinen Segen verwendet. Es ist wohl keine unwahre Anekdote, die von den übermüthigen Rittern auf der thüringischen Burg, welche einen Strohmann über die Mauer hingen so lang wie der dünnhaarige alte Schweizergraf war, der sich jetzt König über alle Deutschen nenne, und die dem Strohkönig ihre Friedensbetheuerungen und Treuschwüre spöttisch zuriefen, wenn unter Reichsbanner die Thüringerschaar, voran die süddeutschen Ritter des Königs und die Reisigen von Erfurt, sich nahten, daß dann aber der König solche Vermessenheit aufs allerstrengste ahndete, die Burg brechen, die Uebelthäter zum ärgsten Schimpf am Roßschweif an den Galgen schleppen ließ.

Vor solchem Ernst zerstoben freilich für den Augenblick Wegelagerer und Raubburg-Insaßen, um ihren Hals in Sicherheit zu bringen. Wie lange aber hätte es gedauert, so wären sie wie verscheuchte Geier wieder in ihrem Felsennest eingezogen, um der edlen Lust des Ueberfalls der reichen Kaufmannsfracht im Waldesdickicht weiter obzuliegen! Drum hat man nicht vergessen den

12. März in der Stadtchronik anzumerken, wo inmitten der Fastenzeit 1290 der König Rudolf das Aufgebot an Ritter und Volk inner- und außerhalb des Erfurter Weichbildes ergehen ließ zum Niederreißen der etwa 66 Raubburgen, in denen sich hauptsächlich das friedhässige Gesindel barg.

Unsere mönchische Geschichtsquelle erzählt nichts vom Walpurgistag, der auf diesen fröhlichen Burgenbruch folgte, und doch mochte es an diesem Festtag scheinen, als ob man nicht nur wie alle Jahre am 1. Mai den Frühling im Laub- und Blumenschmuck durch die Thore brächte, sondern auch den lang ersehnten Frieden, ohne den auch Lenzesfreuden trüglich waren. Und ganz persönlich knüpfte damals des Tages Feier die Bürgerherzen an ihren König: man durfte ihm den Geburtstagskranz winden, denn in ihrer Mitte feierte er an diesem Tag sein Wiegenfest als zweiundsiebzigjähriger Greis. Trotz diesem Alter wie jugendlich war noch sein Wesen! Noch vor sechs Jahren hatte er ja die reizende Isabella von Burgund, eine Schöne von 14 Jahren, geheirathet, und gewiß haben auch die Erfurterinnen die Erfahrung gemacht, daß er überhaupt den Frauen recht hold sich zeigte. Unvergeßlich hat sich aber den Erfurtern für alle Jahrhunderte die humoristische Scene eingeprägt, wie der König sich über den Bierrufer höchlichst erbaut und — selbst offenbar ein guter Freund der schwarzen Schlunze — in dem schlichten Wamms, das er zu tragen pflegte, auf die Gasse getreten und, den Bierkrug in die Höhe haltend, selbst dem stattlichen Ausrufer lautstimmig nachgeahmt mit den Worten: „Hol' in, hol' in! ein gut Bier hat Er Sifrid von Butstete ufgethan!" [61]

Die Peterschronik meldet von manchem großen Festbanket, das in jenen Tagen mit noch nie gesehener Pracht in Erfurt gehalten wurde, denn die sonst so stillen Räume des Petersklosters waren eben der Schauplatz derselben: hier auf der alten Stätte der thüringischen Königspfalz wohnte jetzt der gekrönte Habsburger, hier ließ er zum fröhlichen Gastmahl die Tische im sommerlichen Speisesaal und im Kreuzgang zusammenrücken. Mitunter blieb den Mönchen, wenn noch hohe Gäste beim König einkehrten, nichts als der Schlafsaal und das Winter-Refector übrig zur Wohnung; wenn alle Räume, selbst die klösterlichen Werkstätten diesseits wie jenseits der Umfassungsmauer mit Dienerschaften voll gefüllt waren, mußten sie sich in der Augusthitze an den großen Winterofen in das Refector zum Mahl setzen, wo sie sonst nur die kalte Jahreszeit vereinte. Vergessen haben sie es dem Erzbischof Rudolf von Salzburg, dem früheren Kanzler des Königs, nicht, daß er während der dritthalb Monate, die ihm noch beschieden waren hier zu leben seit seinem Eintreffen am 16. Mai mit starkem Gefolge von Geistlichen, Rittern und Dienern, sich wie ein Vater gegen sie benommen und täglich die jetzt nothgedrungen gastfreien Mönche samt den jugendlichen Novizen des Klosters an seiner Tafel regalirte, als wenn er es gewußt, daß sie ihm die letzten Ehren erweisen würden: am 1. August nach der Messe versagten ihm plötzlich alle Glieder den Dienst, schon sprachlos sank er auf nur dreitägiges Krankenlager, dann senkte man in Gegenwart des Königs, der gesamten Geistlichkeit und vielen Volkes seine fleischlichen Ueberreste in die Gruft vor dem Marienaltar der Klosterkirche; die Gebeine wurden nach dem schönen Salzburg heimgetragen.

Rudolf hatte an diesem Namensbruder einen treuen Freund verloren, als er gerade guten Rathes wegen der Thronfolge bedurfte. Am 8. Mai war ja sein Sohn, Herzog Rudolf, bei der Schwester in Prag gestorben und mit ihm derjenige, den er hoffte mit Erfolg den Fürsten des Reichs zu seinem Nachfolger vorschlagen zu können; feierliche Seelenmessen lasen die Petersmönche auf den Wunsch des gebeugten Vaters für den Entschlafenen, als hätte er in ihrer Mitte ausgehaucht. So gab es für den König auch auf der freien Höhe des alten Merwigsberges sorgenumflorte Stunden; im ganzen jedoch flossen ihm hier in Erfurt die Tage in sonniger Freude dahin, verschönert von der aufrichtigen Anhänglichkeit der Bürger, verherrlicht durch glänzende Feste.

Wie lustig sah es nicht aus, als am Tag nach der Kirchenweihe von Sanct Peter (der noch jetzt alljährlich gefeierten Peterkirmse) König Rudolf seinen Töchtern, der Königin Jutta von Böhmen und der Herzogin Agnes von Sachsen samt ihrem Hofstaat von Rittern und Edeldamen zwischen den Beeten des Klostergartens im ersten Frühlingsblumenschmuck Lustbarkeiten von echt königlicher Pracht veranstaltete! Am Sonntag nach Pfingsten folgte ein Ritterfest: wie es uns die Nibelungen schildern, ward erst feierlich Messe gehalten, dann schlug Landgraf Albert sechzehn Knappen zu Rittern auf dem Petersberg und im Beisein einer farbenreich geschmückten Ritterschaar gürtete der König den jungen Degen eigenhändig das Schwert um. Am großartigsten fielen die beiden letzten Freudenfeste aus: die Hochzeit der Nichte des Königs, der Gräfin Margaretha von Habsburg, die der Bischof von Constanz aus dem Schweizerland dem Grafen von Cleve, ihrem Bräutigam, im Petersklost zuführte, worauf der Salzburger Erzbischof seinem königlichen Freund den letzten Liebesdienst durch Einsegnung des jungen Paares am 4. Juli leistete; und zuletzt das prunkvolle Mahl, welches Herzog Albrecht von Oestreich, der nachmalige Kaiser, dem Vater und dem Schwager von Böhmen gab, nachdem er am 19. August mit den Herzögen von Kärnthen und Baiern in fürstlicher Begleitung ins Kloster eingezogen war, um dort auf vierzehn Tage zu verweilen.

Am 5. September sah der König noch vom Berg aus die theilweise Sonnenfinsterniß, die zum Erstaunen der Welt ein mit dem Brandenburger Markgrafen hergekommener Astrolog ihm lange Zeit vorhergesagt hatte; um Allerheiligen hat er Erfurt verlassen, zu Martini 1290 war er schon in Altenburg.

Erfurt und ganz Thüringen hatte ihm viel zu danken, und in der Urkunde, in welcher er bei seinem Abschied den tüchtigen Gerlach von Breuberg aus einem edlen Geschlecht des Odenwaldes zu seinem Statthalter im Land einsetzte, sagt es der König in recht treuherzig schöner Weise, wie wohl es ihm das Jahr über hier gewesen war. Es sind vielleicht die letzten Worte, die er in Erfurt niederschreiben ließ, ein Denkmal noch heute für des Landes Anmuth, für seiner Bewohner alte Herzlichkeit: „jenes Duringen, des römischen Reiches herrlicher Garten, in welchem es der königlichen Majestät mit wunderbarem Behagen wohlgefallen hat." Zur Last gelegen hatte Rudolf samt seinen Mannen der Stadt nicht; seine Festlichkeiten im Peterskloster scheint er aus eigner Tasche bestritten zu haben, und als diese leer geworden, lieh er bei den reichen Bürgern Erfurts, verschmähte auch nicht das Silber des jüdischen Rothschild in der Erfurter Judengasse, Johanns von Achen; ihm und acht Einwohnern der Stadt blieb er 1000 Mark schuldig bei seiner Abreise, wies jedoch seine Gläubiger ehrlich an einen seiner ständigen Einnahmeposten: an die Reichssteuer der Züricher; die Züricher bekamen ihre Reichssteuer gegen Uebernahme der Königsschuld auf zwei Jahre erlassen und zahlten bereits im Mai 1291 die ganze Summe in Mainz an vier Erfurter Bürger aus.

Als so des Königs Schulden auf Heller und Pfennig abgetragen wurden, sah es aus, als wolle auch der Unruhstifter Albert nunmehr seine Schuldigkeit thun und wenigstens neben dem Breuberger Erhalter des Friedens werden, den der thüringische Stamm dem braven Habsburger verdankte: vom Lager vor Schloß Vielstein ließ er das strenge Verbot ergehen, daß keine der auf Grund des Erfurter Landfriedens zerstörten Burgen oder Befestigungen je wieder auferbaut werden sollten; Ungehorsamen wurde angedroht des Papstes Bann, des Kaisers und des Landes Acht."

Die kleinen Störenfriede waren allerdings zu Paaren getrieben, aber der größte war geblieben: Landgraf Albert selbst warf Thüringen von neuem durch die seiner maßlosen Verschwendung entspringende Geldgier in den unseligsten Krieg. Er verkaufte die Landgrafschaft an den neuen König Adolf von Nassau, um durch Enterbung der eigenen Söhne sich Geld zu schaffen. Da war es freilich wieder zu Ende mit dem Frieden. Dicht an der Stelle, wo einst Philipp von Hohenstaufen den aus Eigennutz zur Welfenpartei abgefallenen Landgrafen vor seinen Füßen liegen sah, schlugen im September 1294 die Heereshaufen des Nassauers ihre Zelte beim Dorf Eischleben auf; aber wie nahe sie damals dem Südthor der Stadt, wie nahe sie bald darauf in der Gera-Niederung bei Mittelhausen dem Nordthor derselben lagerten, Erfurt blieb fest in seiner Stellung gegen die ungerechte Sache. Die Verheerungen des platten Landes, das Sengen und Brennen, das Rauben und Morden, das Entehren und Entweihen waren in diesem und dem nächsten Jahr nicht geringer als da im Anfang des Jahrhunderts die türkischen Balwen durch das Land ritten, Grauen erregender indessen darum, weil es lauter Deutsche waren, die so hausten, und weil diejenigen sie anführten, die des Landes und des Reiches Schutz hätten sein sollen.

Wir aber wollen den Blick zurücklenken von solchen Greueln zum Klosterfrieden und von dem Erfurt des dreizehnten Jahrhunderts Abschied nehmen nicht im Angesicht des elenden Fürstenschachers, der zu stürmischen, gern vergessenen Ereignissen führte, sondern im Nachdenken von Gedanken, die ihrer Natur nach ewig sind.

Zwei Prioren des Prediger-Klosters.

Das Mittelalter hat kaum eine andere ihm so charakteristische Erscheinung hervorgebracht als die beiden Bettelmönchsorden der Franziscaner und Dominicaner oder der minderen und größeren Brüder. Durch ihre ursprünglich streng beobachtete Besitzlosigkeit unterschieden sie sich ebenso scharf von allen anderen Orden als sie sich dadurch den Armen, der überall überwiegenden Menge des Volkes, näherten. Mit einer Macht aber eroberten sie sich die Herzen aller Laien: mit der Predigt des Wortes Gottes in der Muttersprache, was einen ganz neuen Aufschwung zumal des so ernst religiösen deutschen Gemüthes herbeiführen mußte, da man bis dahin fast nur an das Mysterium der Messe, unverständliche lateinische Formeln, höchstens einen kurzen Zuspruch im Beichtstuhl für seine Sehnsucht nach dem Göttlichen gewiesen war.

In wenigen anderen Städten wurden diese zwei Orden so bald nach ihrer Gründung heimisch als in Erfurt. Es war zum Martinsfest 1223, als man hier zum ersten Mal Mönche in völlig bettelhaftem Aufzug hereinwandern sah. Von den minderen Brüdern waren es welche, und danach, daß sie Winter und Sommer ohne Schuhe gingen, hat man sie von vorn herein in Erfurt Barfüßer genannt. Bescheidener und Mitleid erregender konnten selbst Bettelmönche nirgends leben als diese Barfüßer vor dem Krampfenthor bei den Aussätzigen, wo sie neben der Heiligen-Geist-Kapelle Unterkunft gefunden hatten; in bunt zusammengeflickten Kleidungsstücken, einen Strick um die Hüften sah man sie nun öfter in den Gassen der Innenstadt, den einen im Rock, der aber bei seiner

Kürze und mit den engen Aermeln wie verwachsen aussah, den andern im umgeworfenen Bauernsack.

Der gemeine Mann gab den Brüdern, die sich so Hartes auferlegten, gern ein Almosen, und das zutrauliche Verhältniß der Barfüßer zu den Einwohnern der Stadt wuchs noch an Innigkeit, seitdem sie mitten unter ihnen dicht am rechten Gera-Ufer 1232 ihr Kloster zu bauen anfingen. Der vornehme Vizthum von Apolda hatte ihnen dazu eigenen Grund und Boden geschenkt, und derjenige Mann, der ihnen das werthvolle Geschenk vermittelt, erschien auch öfter auf dem freien Platz bei ihrem neuen Wohnhaus, den sie zum Kirchhof sich erwählt. Er kam, um den Brüdern, die noch großentheils Laien waren, hier im Freien zu predigen, und, so oft er das that, sammelte sich das Volk in hellen Haufen um ihn. In einer bis zu den Füßen reichenden weißen Kutte aus grober Wolle, etwa den schwarzen Mantel über die Schultern geworfen, stand eine edle Gestalt vor der lauschenden Menge, und wie die klare Verständlichkeit seiner thüringisch volksthümlichen Worte den Ungelehrten mit ganz neuem Zauber fesselte, so ergriff den studirten Cleriker der wuchtige Tiefsinn seiner wahrhaft frommen Gedanken.

Das war der Bruder Elger, den die jüngst nach Erfurt gekommenen Dominicaner sich zum Prior gesetzt hatten. Ein hochgeborener Graf von Hohnstein, hatte er die Burgen seiner Väter verlassen, auch die reiche Domherrnpfründe an der Magdeburger Stiftskirche, ja die einflußreiche Stelle eines Propstes an dem kaiserlichen Collegiatstift zu Goslar aufgegeben, um sich ganz in göttliche Dinge zu versenken. Er war nach der hohen Schule der Gottesgelehrsamkeit, nach der Pariser Sorbonne gezogen wie so mancher thüringische Edelmann in diesem Jahrhundert. Mehr als alles andere imponirte ihm dort die Frömmigkeit und der wissenschaftliche Sinn der Dominicaner, die seit 1219 im Kloster des heiligen Jacobus ihre viel besuchten Lehrcurse eingerichtet hatten; er trat selbst in ihren Orden ein und erschien bald selbst als der trefflichste Lehrer, als das tauglichste Werkzeug zur Einführung einer Ordenscolonie in sein Heimathsland Thüringen.

Mit drei tüchtigen Begleitern wanderte er von Paris an den Rhein, um die Gedankensaat, die seinen Geist in der Fremde befruchtet hatte, weiter in sich zu pflegen und davon auszusäen unter seine Landsleute, daß auch sie an Einsicht und an sittlichem Ernst wachsen möchten. Da er wie ein zweiter Winfried den Thüringern zu predigen gedachte, wird er wohl in Mainz beim Erzbischof als dem geistlichen Oberhirten des Landes seiner Wahl vorgesprochen haben. Und wir besitzen noch den Wortlaut des Briefes, durch welchen Erzbischof Siegfried II. im Juni 1229 den entsagenden Wanderern den Weg nach Thüringen bahnte. In Erfurt sollten sie sich den Wohnsitz gründen, da nach der Ansicht auch des Mainzer Capitels sie die Rechten wären, der mangelhaften Erfüllung seelsorgerischer Pflichten, wie sich deren das Erzstift bei der Menge der seiner Obhut anvertrauten Heerde bewußt war, aushelfend zur Seite zu treten. „Was von uns zu wenig geschieht," heißt es in jenem Brief des Erzbischofs, „mögen sie nach Möglichkeit ergänzen und unsere sinkenden Arme stützen, wie Ur und Aaron dem Moses gethan haben."

Kaum eine andere Wohlthat des Erzstiftes Mainz auf dem geistlichen Gebiet haben die Erfurter so dankbar entgegengenommen als diese Zusendung der ersten Prediger=Mönche. Alsbald erwarben letztere einen Hof bei der Paulskirche und bauten sich da einen niedrigen Betsaal aus Holz; und nicht lange, so stieg demselben benachbart ein vollständiger Klosterbau empor, dermaßen reich waren die Geschenke, welche Rath und Bürger, Vornehme und Gemeine an Häusern oder Gassen=Arealen wie an anderen Dingen ihnen machten. So erkenntlich zeigte sich das Volk ohne Unterschied von Stand und Geschlecht für die deutsche Predigt, und man erzählt, daß namentlich Frauen selbst von auswärts gekommen wären, um die weisen Lehren der beredten Männer anzuhören, ja daß manche darum hierher übergesiedelt sei und in möglichster Nähe der „Prediger" sich ein Haus gekauft habe. Wir glauben nicht zu irren, wenn wir besonders den Beginen auch in Erfurt eine besondere Anhänglichkeit an den neuen Orden zuschreiben, der außer der Predigt auch der Beichte fleißig oblag. Adelheid, genannt von Sanct Nicolaus, und ihre Schwester, beide „Gott geweiht", kauften mit ihrem eigenen Vermögen ein Gehöft bei den Langen Stegen, in welchem bisher ein Backhaus gewesen, um es für ihr Leben zu besitzen und nach ihrem Tod dem Altar des Evangelisten Johannes d. h. den Predigern, deren Patron Johannes war, zu vermachen. Der Convent der Erfurter Dominicaner wuchs dabei schnell an Mitgliederzahl, und so gut wir einem Gefrundensohn unter den Barfüßern begegnen, werden sicher auch in das Predigerkloster Bürgersöhne eingetreten sein; besonders die Gefrundenfamilie Lange war dem Kloster sehr zugethan, auch Kerlingersche Grabsteine finden sich noch heute in der Prediger= Kirche, ein Walther Kerlinger ist nachmals Provinzial der ganzen Ordensprovinz Sachsen geworden. Sicher überliefert ist es, daß sogar Herren vom Domcapitel der heiligen Maria auf ihre behäbige Pfründe Verzicht geleistet haben um Prediger zu werden; und auch sonst waren einander Stiftsherrn und Predigermönche nicht feind: ein Domherr vererbte seine theologischen Bücher an die Prediger, ein ärmerer ein Malter Zinsgetreide an sie, ein zweites an die Barfüßer.

Nicht wie anderwärts störte Eifersucht das freundnachbarliche Einvernehmen zwischen den beiden wie Zwillingsbrüder beinahe gleichaltrigen Bettelmönchsklöstern rechts und links des Flusses. Der reiche Reinhard von der Bülze, dessen eigener Sohn Barfüßer war, legirte ein Pfund Geldes als Jahresmiethe eines seiner Häuser zur Unterhaltung der Leuchten im Barfüßerkloster und be= stimmte demselben den Anfall eines anderen Hauses für spätere Zeit, aber er schärfte auch seiner Tochter Kunigunde ein, sie sollte nicht vergessen, den ganzen Ertrag des Weinberges bei Ninakes= dorf jährlich den Predigern zukommen zu lassen, damit die für seine Seele Messe läsen.

Wir sahen, wie solche Eintracht von keinem mehr gefördert wurde wie vom Prior Elger selbst, dessen vortrefflichem Charakter überhaupt die Anhänglichkeit der Erfurter an ihre „lieben Prediger", wie sie sie in Urkunden nennen, in erster Stelle zuzuschreiben ist. Als man den edlen Grafen in Kutte und Scapulier selbst die Mauer= kelle führen und unverdrossen neben den Brüdern den Kirchenbau mit werkthätiger Hand fördern sah, eilte jeder, der Zeit hatte und Kraft in sich fühlte, herbei, um zu helfen und damit die gelehrten Herrn ihre Zeit besser verwenden könnten. Vollends zum Betteln in der Stadt ließen sie ihre geliebten Prediger gar nicht kommen: sie trugen ihnen vollauf Liebesgaben hin ins Kloster. Und war es nicht ein wahrhaft erhabenes Bild christlicher Nächstenliebe, wenn Graf Elger für alle solche Wohlthaten nicht bloß mit erbauen= den Worten, sondern auch mit steten Almosen an die Armen, mit aufopfernder Krankenpflege sich erkenntlich zeigte? Man hat ihn mitten unter abschreckenden Leidensgestalten sitzen sehen, deren aussätzigen Grind er nach seiner besten Wissenschaft und mit aus= harrender Geduld ärztlich behandelte, natürlich nie ohne Mitver= wendung geistlicher Stärkungsmittel, da der Dominicaner=Arzt stets des Glaubens lebte: „mehr vermöge die Gnade als die Natur, mehr Christus als Hippokrates und Galenus."

Außer seiner Schwester, die im Frankenland Nonne geworden war, hatte Elger keine „begebenen" Geschwister. Er hat wohl, wenn er am Wanderstab auch die nordthüringischen Gegenden besuchte, um Seelentrost zu spenden und christliche Werke zu ver= richten, seinen Bruder, den regierenden Grafen von Hohnstein, mit glänzendem Rittergefolge daher reiten sehen und einen Augenblick sich geschämt, daß ihn diese Vornehmen in der Thür der Bauern= hütte trafen, wo er Beichte hörte und eine Bauerfrau ihm soeben

einen Topf Milch zur Erquickung dargereicht hatte; bald aber holt
er den Topf unter dem Mantel, der zum Versteck dienen sollte,
wieder hervor, bleibt stolz vor dem reich geschmückten Troß stehen
und redet den Bruder an im Vollgefühl des heldenhaft durch=
geführten Entschlusses, seinen Adel wegzuwerfen, um in Selbsternie=
drigung ein Bettler, aber dabei ein Herrscher über die Geister zu
sein nach Christi leuchtendem Vorbild.

Rastlos wirkte so der edle Graf während seines siebenjährigen
Priorats von Erfurt aus durchs weite Land; ihm gestand zu gern
gewährter Herzenserleichterung der Arme seine Sündenpein, ihn
rief der Adliche im letzten Stündlein auf sein Schloß. Kam er
heim ins Kloster an der Gera, so warteten seiner neue Geschäfte;
er bildete in der Schule Aufnahme begehrende Jünglinge in den
nöthigen Wissenschaften, besonders auch in der lateinischen Sprache
aus, vernahm die Berichte der von den Predigtreisen zurückge=
kehrten Brüder und wachte aufs pünktlichste über Aufrechterhaltung
streng dominicanischer Lebensordnung. Kein Fleisch kam auf den
Tisch, selten Fisch — Hering allerdings ausgenommen —, gewöhn=
lich nur magere Suppe und Gemüse; im Kloster herrschte tiefes
Schweigen; alle paar Stunden erfolgten die vorgeschriebenen An=
dachten in der Kirche, die selbst den nächtlichen Schlaf unterbrachen,
und so inbrünstig betete Elger an der geweihten Stätte, daß mit=
unter von Thränen die Stelle feucht gewesen sein soll, wo er gekniet.

Paarweise pflegten die Prediger sich auf die Wanderschaft zu
begeben; bis an die Eisenacher Westgrenze Thüringens gelang=
ten einst zwei solche Genossen und brachten nicht nur zwei Scola=
ren als Novizen mit zurück ins Erfurter Kloster, die in treuster
Freundschaft an einander hingen, den Rock von demselben Stück
Tuch trugen und nun nichts sehnlicher begehrten als selbander in
Elgers Schule zu treten, — sondern auch von einem neuen Klo=
sterbau wußten sie zu erzählen, den Landgraf Heinrich und sein
Bruder Konrad (letzterer zur Sühnung eines an jene Wuthscene

im Petersklofter anknüpfenden Frevels) in Eisenach aufführen ließen. Dieses Kloster wurde durch Elgers Fürsprache den Dominicanern gewidmet und Erfurt verlor an dasselbe seinen Grafen-Prior. Im Jahr 1236 ist er, begleitet von jenen beiden Zöglingen und wohl auch von Brüdern seines bisherigen Convents aus Erfurts Westthor ausgezogen, gewiß nicht ohne aufrichtige Betrübniß der Bewohner der Stadt, die an ihm einen Vater verloren.

Während Elger zu Eisenach noch einmal einem ähnlichen Wirkungskreis wie vorher in Erfurt das Leben gab, und wenn er auch das Alter herannahen fühlte, sich betrübte, daß er der Ordensregel zuwider bisweilen zu Esel auf die Predigtreise ziehen mußte, dennoch bis zu seinem Tod in Frankfurt nach jener merkwürdigen Zusammenkunft Kaiser Friedrichs II. mit Heinrich Raspe von 1242 des letzteren wie des Mainzer Erzbischofs hochgeehrter Rathgeber blieb, — während dessen gedieh seine Erfurter Schöpfung, zunächst unter seinem Nachfolger, dem sprachgewaltigen Ausleger von Gottes Wort, Heinrich von Frankenhausen, fröhlich weiter; 1248 ward sogar eine Capitelssitzung der ganzen Dominicaner-Provinz Deutschland in Erfurt abgehalten. An dem schönen Gotteshaus, welches Elger von Hohnstein das Dasein verdankt und bis zur Stunde dessen Ehrendenkmal in Erfurt ist, wurde noch im Jahr 1278 gebaut, wo ein Bischof von Speier allen, die zur Unterstützung des Kirchen- und Klosterbaus der Erfurter Prediger beisteuern würden, Ablaß verhieß.

Da tritt, noch ehe das Jahrhundert schließt, in den würdigen Räumen des Erfurter Predigerklosters und auf den freien Plätzen, die einst der Hohnsteiner mit seinen Predigten verherrlicht, ein Mann von überragender geistiger Bedeutung, von einer bis in unsere Tage sich erstreckenden Wirkung seiner kühnen Gedanken als „Prior von Erfurt" auf: der Bruder Eckhart. Noch war er nicht „Meister" in Paris geworden, noch harrte seiner der

Ruhm auf jenem wieder in Erfurt gehaltenen Provincialcapitel zum ersten Prior der von der „deutschen" eben damals abgezweigten „sächsischen" Provinz erhoben zu werden, noch vor allem hatte er nicht die große und Gefahr drohende Rolle als muthiger Bekenner seiner innersten Ueberzeugungen am Rhein begonnen, — all das fällt in das folgende Jahrhundert. Aber er war ein Thüringer, vielleicht ein Erfurter von Geburt, sein Erfurter Priorat fällt ohne Zweifel in das letzte Jahrzehent des dreizehnten Jahrhunderts, und so mag es uns vergönnt sein, dem wunderbaren Geist dieses Mannes in einigen seiner Offenbarungen zu lauschen, obschon er in der uns beschäftigenden Zeit mehr die Gedanken gesammelt haben wird in stiller Zelle wie bei der Predigt vor dem Volk, ehe sie zu dem hinreißenden Strom wurden, den die Kirche trotz der lautersten Frömmigkeit, dem er entquoll, so fürchtete.

Andere haben Eckharts Meisterschaft auf dem Doppelgebiet der Sprache und der Gotteserkenntniß gerühmt, in ihm mit Recht den eigentlichen Urheber der deutschen Mystik erkennend. Wir wollen nur mit einem Gefühl davon, daß es der älteste aus Erfurt uns bekannte Genius ist, der aus seinen Worten spricht, und daß diese frühesten Regungen eines gegen kümmerliches Scheinwesen kämpfenden Reformations-Gedankens ebenda erstarkten, wo der endliche Sieg des letzteren zwei Jahrhunderte später sich vorbereitete, — wir wollen in solcher Stimmung nur wenige bezeichnungsreiche Sätze unverändert aus Eckharts Geisteswerken d. h. aus fast sechshundertjähriger Vergangenheit zu uns herüberklingen lassen.

„Da ich heute herging, da gedachte ich, wie ich euch also vernünftiglich predigte, daß ihr mich wohl verständet, und gedachte ein Gleichniß.

Und ich spreche: es ist ebenso Unrecht, daß ich Gott heiße ein Wesen, als ob ich die Sonne hieße bleich oder schwarz. Gott ist weder dies noch das. Daß ich aber spreche, Gott sei nicht ein Wesen und sei über Wesen, hiermit habe ich ihm nicht Wesen abgesprochen, sondern ich habe es in ihm gehöhet. Schmelze ich Kupfer zu dem Golde, so ist es da und ist da in einer höhern Weise denn es ist an ihm selber.

Was ich zu Gott setzen will, da setze ich zu Gott einen Abgott; denn wer glaubet den Namen Gottes, dem sind alle Namen gegenwärtig.

Eine jegliche Creatur ist voll Gottes und ist ein Buch. Die Creaturen sind ein Weg zu Gotte.

Alles, das Gott je geschuf vor sechstausend Jahren und mehr, da Gott die Welt machte, da schöpfet Gott nun zumale.

Das ewige Werden ist ein Werk der ewigen Natur, und darum hat es weder Anfang noch Ende.

Da die Creaturen wurden und anfingen ihr geschaffen Wesen, da war Gott nicht mehr in ihm selber Gott, sondern in den Creaturen war er Gott.

Daß die Schrift sagt „ich" meinet Gottes Istigkeit, daß Gott allein „ist". Alle Ding sind in Gotte und von Gotte, denn auswendig ihm und ohne ihn ist nichts. Alle Creaturen sind schnöde und ein bloß Nichts gegen Gott.

Was Wesen hat, Zeit oder Statt, das höret zu Gotte nicht; er ist über dasselbe; das er ist in allen Creaturen, das ist er doch darüber; was da in viel Dingen ein ist, das muß vor Noth über die Ding sein.

Etliche Meister wollten, daß die Seele alleine in dem Herzen wäre. Das ist nicht und da han große Meister an geirret. Die Seele ist ganz und ungetheilt allzumale in dem Fuße und in dem Auge.

Die Sonne wirfet ihren Schein in die Luft und die Luft empfahet das Licht und gibt es dem Erdreiche und gibt uns in demselben, daß wir erkennen Unterschied aller Farben. Nun wie das Licht sei förmlich in der Luft, es ist doch wesentlich in der Sonne: der Schein geht eigentlich aus der Sonne und entspringet in der Sonne und nicht in der Luft; es wird von der Luft empfangen und von der Luft fürbaß geboten alle dem, das Lichtes empfänglich ist. Recht also ist es in der Seele. Gott der gebieret in der Seele seine Geburt und sein Wort, und die Seele empfahet es und bietet es fürbaß bei den Kräften in mancher Weise, nun in einer Begehrung, nun in guter Meinung, nun in Minnewerken, nun in Dankbarkeit oder wie irgend es dich berühret: es ist alles sein und nicht dein bei nichte.

Christus spricht: „Selig sind die Armen des Geistes, Gottes Reich ist in ihnen." Die Armen des Geistes das sind die, die Gott alle Ding gelassen han, als er sie hatte, da wir nicht waren. In dem Nichts wohnet Gott und die Seele wohnet in Gotte.

So heißet das ein arm Mensche, der nicht will. Diesen Sinn verstehen etliche Leute nicht wohl. Das sind die Leute, die sich behalten mit Eigenschaft in Pönitenz und auswendiger Uebung (daß die Leute für groß geachtet sind, des erbarme Gott!) und sie erkennen doch so wenig der göttlichen Wahrheit. Diese Menschen heißen heilig von den auswendigen Bilden, aber von innen sind sie Esel, denn sie verstehen nicht den Unterschied göttlicher Wahrheit. Diese Menschen sprechen: das sei ein arm Mensche, der nicht will. Das beweisen sie also, daß der Mensch also sei, daß er nimmermehr erfülle seinen Willen an keinen Dingen, mehr: daß er darnach stellen soll, daß er folge dem aller liebsten Willen Gottes. Diese Menschen sind nicht übel daran, denn ihre Meinung ist gut; hierum sollen wir sie loben: Gott behalte sie unter sein Barmherzigkeit. Aber ich spreche bei guter Wahrheit, daß diese Menschen nicht sind arme Menschen noch armen Menschen gleich. Denn soll der Mensche wahrlich arm sein, so soll er seines geschaffenen Willen also lebig sein, als er war da er nicht war. Und ich sage euch bei der ewigen Wahrheit: so lange ihr Willen habt zu erfüllen den Willen Gottes und irgend Begehrung habt der Ewigkeit und Gottes, so lange seid ihr nicht rechte arm; denn das ist ein arm Mensche, der nicht will, nicht erkennet, nicht begehrt.

Sehet, das sind alles Kaufleute, die sich hüten vor groben Sünden und wären gern gute Leute und thun ihre gute Werk Gotte zu Ehren, als Fasten, Wachen, Beten und was des ist, allerhand gute Werk, und thun sie doch darum, daß ihn unser Herre etwas darum gebe, oder daß ihn Gott darum thue, das ihn lieb sei: dies sind alles Kaufleute. Das ist grob zu verstahn, denn sie wollen das Eine und das Ander geben und wollen also kaufen mit unserm Herren und werden an dem Kaufe betrogen.

Das rechte vollendete Wesen des Geistes ist: ob Hölle noch Himmel nicht wäre, daß er Gott doch minnen sollte durch sein eigene Güte.

Die Leute, die alleine achten der Beschaulichkeit und nicht achten tugendlicher Uebung und sprechen, sie bedürfen dessen nicht, sie seien darüber kommen, — die meinte Christus nicht, da er sprach: „Der Same fiel in ein gut Erdreich und brachte hundertfältige Frucht." Es sind die, die er meinte, da er sprach: „Der Baum, der nicht Frucht bringet, den soll man abhauen."

Etliche Menschen ruhen zu viel auf äußern tugendlichen Werken und haften zu viel an den Lüsten, die sie in Gnaden erlangt haben in den Werken der äußern Sinne und der niedersten Kräfte der Seele, und solche sind nicht Töchter der Freiheit, sondern sie sind Dirnen des Dienstes.

Sehet darum ist alles Wirken sunden und Uebung der Tugend, es sei Beten, Lesen, Singen, Wachen, Fasten, Pönitenz thun und was sonst tugendlicher Uebung ist, daß der Mensch damit werde gefangen und enthalten von fremden ungöttlichen Dingen, daß er nicht gezogen noch verleitet werde von groben Dingen, daß ihn Gott nahe finde, wenn er wiederkehren will und sein Werk wirken wolle in der Seele. Wenn sich aber der Mensch findet zu wahrer Innerlichkeit, so laß er kühnlich ab aller Auswendigkeit, und wären es auch solche Uebungen, zu den du dich mit Gelübde verbunden hättest, die dir weder Papst noch Bischof abnehmen möchten. Denn die Gelübde, die ein Mensch Gott thut, die mag ihm niemand abnehmen: ein jeglich Gelübde ist ein Sich=Verbinden zu Gotte. Jedes Fehltrittes, des man ganze Reue hat gehabt, des hat Gott vergessen, des sollen wir nimmer gedenken.

Gott wird nicht lohnen nach der Länge noch Größe noch nach der Menge der Werke, sondern nach dem, ob sie in Gott vollbracht werden.

Unser Herr sprach: „Alles, das ich von meinem Vater gehört habe, das habe ich euch geoffenbart." Nun wundert mich von etlichen Pfaffen, die wohl gelehrt sind und große Pfaffen sein wollen, daß sie sich also schiere lassen genügen und lassen sich bethören und sprechen also: Gott habe uns geoffenbaret auf dem Wege so viel uns nothdürftig wäre zu unsrer Seligkeit. Das halt ich nicht, denn es ist kein' Wahrheit. Man soll das Wort, das unser Herre sprach, also verstahn: alles, das der Vater hat und das er ist, die Abgründigkeit göttliches Wesens und göttlicher Natur, das gebiert er zumale in seinem eingebornen Sohne. Das höret der Sohn von dem Vater, das hat er uns geoffenbaret, **daß wir derselbe eingeborne Sohn seien.**

Unser Herr sprach: „Ich han euch nicht Knechte geheißen, ich han euch Freunde geheißen." Denn der Knecht weiß nicht, was sein Herre will; auch möchte mein Freund wissen, das ich nicht wüßte, und er wollte mir's nicht offenbaren. Aber ein wahrer Freund, der offenbart seinem lieben Freunde alle seine verborgene Heimlichkeit: Gott hat nichts so Verborgenes in allem seinem Wesen, er offenbare es der Seele, die bereit ist zu dem Einflusse seiner Gnaden. Freund ist gerne bei liebem Freunde; Gott ist alleine ein stete Freund. Gott minnet uns mit ewiger Minne.

Gott ist in allen Dingen gewaltiglich; aber er ist allein gebärend in der Seele. Denn alle Creaturen sind ein Fußtapfe Gottes, aber die Seele ist natürlich nach Gott gebildet. Nun ist die Seele also gänzlich vereint mit dem Leibe, daß sie ewiglich mit einander bleiben sollen, und doch gehört der Leib zu der Erde und die Seele zu dem Himmel. Die Seele, wenn sie vom Leibe ist geschieden, hat weder Vernunft noch Willen. Die Seele wird geläutert in dem Leibe darum, daß sie sammele, was zerspreitet ist; was die fünf Sinne eintragen, hat sie eine Kraft, daß das alles eins wird.

Ich aber sage euch: so viel ein Mensch in diesem Leben mit seiner Erkenntniß näher kommt dem Wesen der Seele, je näher ist er der Erkenntniß Gottes."

Große Geister eilen den Mitlebenden um Jahrhunderte voran, und nichts verkettet mächtiger alle Fernen der Zeiten als die Unsterblichkeit klarer Gedanken.

Anmerkungen.

Der mir verstattete Raum würde bedeutend zu überschreiten sein, wenn ich die Belege für die vorstehenden Schilderungen in vollster Ausführlichkeit hier folgen lassen wollte. Dem Kenner werden auch ohne ausdrückliches Citat solche Quellen wie die Annales s. Petri Erphesfurdenses (im 16. Band der Monumente), die übrigens durchweg verglichen wurden mit dem Chronicon Erphordiense (im 2. Band von Böhmers Fontes), als betreffenden Orts benutzt ersichtlich sein. Vorzüglich habe ich mich der neuen Herausgabe von Geschichtsquellen der Provinz Sachsen erfreut, von denen ich die vortrefflichen kritischen Bearbeitungen des Chronicon Sampetrinum von Bruno Stübel und des Carmen satiricum von Theobald Fischer durch die Güte des Herrn Professor Dümmler noch vor ihrem öffentlichen Erscheinen benutzen konnte. Für verfassungs- und culturgeschichtliche Züge der Erfurter Vorzeit habe ich mich sonst hauptsächlich auf meine augenblicklich noch unter der Presse befindlichen „Aeltesten Weisthümer der Stadt Erfurt" (Halle, 1870) gestützt.

[1]) Die Haupt-Handschrift des Bibra-Büchleins im Magdeburger Staats-Archiv hat gleich im Anfang des auf die thüringischen Besitzungen des Erzstifts außerhalb des Erfurter Stadtgebiets bezüglichen Theiles die Worte: „Et primo, que pertinent ad castrum Mulborg: ... item capellas sancte Radegundis ante castrum et sancti Michahelis in monte." Der Radegundis-Kapelle „prope Mielberg castellum" thut aber auch noch Nicolaus von Siegen Erwähnung (ed. Wegele p. 55).

[2]) Von der eigenthümlichen Stellung Otto's des Erlauchten als Abtes von Hersfeld — neben einem Mönch Dietharb, der als provisor monasterii urkundlich vorkommt, — handelt Knochenhauer in seiner Geschichte Thüringens während der karolingischen und sächsischen Zeit p. 51.

*) Ueber die Ungarnschlacht von 933 vgl. meinen Aufsatz in den deutschen Forschungen (VII, 575 ff.); die interessante Sage von Bonifacius als Befreier Thüringens von dem Ungarn-Zehnten, die auf die Vermuthung der Wahlstatt führte, findet sich übrigens bereits in der Legenda Bonifacii (bei Menden I, 841 ff.), wo aber der daselbst stehende Name des Schlachtfeldes „auf der Bahre" zu bessern ist in „auf der Vahre".

*) Sogar in Knochenhauers angeführtem Werk, in welchem sonst eine so exact quellenmäßige Behandlung, eine so vorsichtige Kritik herrscht, ist die Charakterisirung der Stellung von Erfurt zu Mainz (p. 149 ff.) ziemlich gewagt und nicht einmal ohne Widerspruch in sich selbst. Knochenhauer hat zwar das Verdienst, die schwache Seite der Tettau'schen Arbeit über diesen Gegenstand zuerst erkannt zu haben (vgl. seine Bemerkung p. 153, Note 1); wenn er aber mit Recht p. 153 behauptet: „es verstößt gegen alle Kritik, einen Theil der sagenhaften Erzählung für Erdichtung eines späteren Scribenten zu erklären, und dennoch den anderen zur Stütze einer sonst unverbürgten Annahme zu benutzen" — so scheint er nicht bemerkt zu haben, daß er eine Seite vorher selbst genau in diesen Fehler verfallen ist. Da nämlich citirt er die gewöhnliche Sage, daß Erzbischof Wilhelm bei Gelegenheit der Schenkung von ganz Thüringen und Hessen „auch Erfurt bekam", dann selbst dahin zog und „in Stadt und Umgegend Edle ansiedelte und belehnte, um an ihnen Schirmer seines Besitzes und Vögte zu haben"; und dann fährt er fort: „Wenn der letzte Theil der Nachricht an sich schon die spätere Erdichtung verräth, so kann der erste, die Uebertragung von Erfurt durch Otto I. an seinen Sohn, wenn schon kein Zeitgenosse uns davon Nachricht gegeben hat, eher Glauben zu verdienen scheinen." Das ist zwar sehr reservirt ausgedrückt, aber eben auch im Widerspruch mit dieser bloßen „Annahme" (p. 152) wird sonst sehr bestimmt von einem „Eigenthumsrecht des Mainzers auf die Stadt" geredet, das nicht nur im 11. und 12. Jahrhundert, sondern bereits 984 bestanden haben soll, weil damals Erzbischof Willigis von Mainz einem vertriebenen Bischof von Meißen, dem er persönlich nahe stand, auf seinen Wunsch Wohnung und Pflege in Erfurt anwies, die Erzbischöfe auch in der Folgezeit oft in Erfurt verweilten. Solche Schlußfolgerungen sind offenbar ebenso unstatthaft als die entgegengesetzten Versuche, für Erfurt aus dem öfteren Aufenthalt der Könige und dem Abhalten von Reichstagen daselbst die Qualität einer Königsstadt in den früheren, einer Reichsstadt in den späteren Jahrhunderten zu folgern.

⁵) Das Schottenkloster zu Erfurt ist allerdings etwas älter als das Petersklofter, denn es soll bereits 1036 von Walther von Glisberg gegründet sein (vgl. Nicolaus von Siegen p. 220 f.), aber seine Bedeutung scheint sich von vorn herein auf einen engeren Kreis beschränkt zu haben. Nach der in Faldensteins Chronik mitgetheilten Bestätigungs=Urkunde Erzbischof Heinrichs von 1143 war die Gründung des Petersklosters eben dadurch geboten, daß bis dahin jeder, der sich dem Klosterleben widmen wollte, ins Ausland gehen mußte. Das auf Bonifacius zurückgehende Ohrdrufer Kloster sank früh zu Unbedeutenheit herab, die Abtei von Reinhardsbrunnen, die ebenbürtigste Rivalin des Erfurter Petersklosters, datirt erst von 1085.

⁶) Lambert von Hersfeld erwähnt bei der Schilderung der Erfurter Sy=node vom 10. März 1073 ausdrücklich die Bestimmung, daß alle Herrenhöfe des Erzbischofs von Mainz, in welchem Kirchensprengel sie auch lägen, von allen Zehnten frei sein sollten. Dagegen trugen die Königsgüter unter den Karolingern regelmäßig den Zehnten an die Kirche, der sie zugehörten.

⁷) Gegen die unparteiische Kürze des Chronisten des Petersklosters über diese Vorgänge (vgl. Chron. Sampetr. p. 47 f.) sticht die schwülstige Breite der für das Landgrafenhaus parteiisch eingenommenen Reinhardsbrunner An=nalen (ed. Wegele p. 93 ff.) grell ab. Unter diesem Gesichtspunkt ist die daselbst gegebene Schilderung von Luitpolds Gebahren in Erfurt („inexecra-bili infamia in diebus dominice passionis stuprum in virginibus, adul-teria in matrimoniis quam plurima patravisse putatus est") zu beurthei=len. — Von einer gewaltsamen Occupation Erfurts durch Luitpold, dem die Stadt „durch den Landgrafen abwendig gemacht" worden, wie es bei Abel (König Philipp p. 164) heißt, verlautet übrigens in den thüringischen Quellen nichts; der Reinhardsbrunner Annalist spricht nur von heimlichem Einschlei=chen im Dunkel der stürmischen Nacht, und die Feuersbrunst nennt er „inopinato quodam casu" entstanden.

⁸) Die Namensform de Wic (Pertz, SS. XVI, 27) beruht wohl nur auf einem Druckfehler, der in de Wie zu berichtigen ist (vgl. Böhmer, Fontes II, 389 und Stübels Ausgabe des Samp. p. 71). Der Graf stammte vielleicht aus dem Geschlecht derer von Rabenswald, von denen in Erfurt wenigstens im 13. Jahrhundert die eine Halbmühle vor der Langen Brücke theilweise zu Lehen ging. Ich vermuthe das aus der urkundlichen Anführung bei Schan-nat (Vind. lit. II, 15 no. XXVII.), wo ein comes de Rabinswalt dictus de Wie dem Petersklofter den Grebenitz=Wald in der Tonndorfer Ilmgegend zu eigen gibt.

⁹) Auch Wegele (Friedrich der Freidige p. 17 f.) betont die Parteinahme des Grafen von Gleichen gegen Heinrich den Erlauchten als im Interesse des Erzstiftes geschehen. Wegeles Datirung des ersten Landdings unter dem Vorsitz des Markgrafen „im März" beruht dagegen wohl auf einem Versehen (vgl. daselbst p. 19 und Anm. 5). — Die Annahme Tittmanns (Heinrich der Erlauchte II, 199), daß die Anfeindung Erfurts durch Heinrich auf Verweigerung solcher Rechte seitens der Bürger beruhte, „die sonst der Landgraf von Thüringen in dieser Stadt auszuüben pflegte", zielt auf eine seit 1234 nicht mehr nachweisbare Stellung der Landgrafen zu Erfurt, wie sie auch Neuere noch öfter vermuthet haben.

¹⁰) Schirrmacher verschweigt, indem er die Verkündung des Banns vom 13. März und die nochmalige Bekräftigung desselben zu Fritzlar am 30. Mai erwähnt, neben dem Kaiser Friedrich die Erfurter, obgleich es ausdrücklich heißt: „Maguntinus Fridericum imperatorem cum Erphordensibus denunciavit"; seine Bemerkung (Kaiser Friderich der Zweite IV, 208), Erfurt sei nach seiner im Jahr 1242 gezeigten entschiedenen Haltung von der staufischen Sache durch Siegfried wieder abwendig gemacht und „für die Kirche gewonnen worden", paßt wenigstens für die Zeit bis zum 15. August 1244 nicht, denn bis zu diesem Termin dauerte das Interdict. — Böhmers Zweifel an der Richtigkeit des Jahresdatums für die Versammlung in Weimar und das Concil in Fritzlar (Regesten von 1198—1254 p. 391 no. 177) sind wohl unbegründet.

¹¹) Das Original der Achtaufhebungs-Urkunde, datirt von Boppard 10. Sept. 1234, befindet sich im Magd. Archiv (Erf. Urk. a, Tit. VII, No. 1); der König sagt ausdrücklich, daß der Erzbischof ihn um die Aufhebung des Achtspruchs angegangen habe: „Cum familiaris princeps noster et venerabilis Maguntinus archiepiscopus sententiam excommunicationis, quam tulerat in civitatem et homines de Erphordia recepta satisfactione debita relaxasset, nos ad commonitionem ipsius sententiam proscriptionis . . relaxamus, universitatem civium et hominum eiusdem civitatis restituentes in integrum nostre gratie." Vgl. den ausführlicheren Abdruck bei Lambert, ältere Geschichte und Verfassung der Stadt Erfurt p. 115 f.

¹²) Das Sampetrinum ist allerdings die einzige Quelle, der wir das wichtige Datum der Einsetzung des Vierzehner-Raths d. h. des bis auf die angedeuteten Grenzen selbständig regierenden (später in der Mitgliederzahl

auf 24 vermehrten) Rathscollegiums entnehmen. Indessen ist gegen die Glaubwürdigkeit dieses Datums einer auch sonst so treu bewährten Geschichts: quelle bis jetzt nichts Stichhaltiges vorgebracht worden. Als Unterstützung der Jahresangabe darf auch vielleicht angeführt werden, daß eben in das Jahr 1255 der erste selbständige Friedensabschluß der Stadt Erfurt (mit dem Grafen von Beichlingen) zu fallen scheint: 1255 tritt nach einer in Magdeburg aufbewahrten Urkunde Graf Friedrich der Jüngere zu Beichlingen dem Frie: bensschluß seines Vaters mit Erfurt bei (Erf. Urk. a, Tit. XVII, No. 1). Nicht von einem Rath zwar ist dabei die Rede, sondern nur von „cives Er: fordenses" als Contrahenten, aber eben daß schlechtweg und ausschließlich „die Bürger" genannt werden bei der Friedensstiftung, ist etwas aus frühe: rer Zeit meines Wissens nicht bekanntes.

¹⁴) Die Freizinsregister des Erfurter Stadt: und Magdeburger Staats: archivs, die für die historische Topographie Erfurts und seiner nächsten Um: gebung eine so vortreffliche Grundlage gewähren und doch von Früheren fast gänzlich unbenutzt gelassen wurden, führen Weinberge „in monte stalberc" und „in herzberc" an. Bei ersterem Namen trat erst nachmals die Ver: dunkelung des a in o ein, für herzberc und hirzberc (vgl. Kerslache und Kirslache) findet sich dagegen schon in einer Urkunde von 1268 die Form hirnzlite (Schannat, Vind. lit. II, 13 No. 21). Die Zusammensetzung mit lite (= Hügelrücken) setzte sich nicht fest, wohl aber das eingedrungene n, welches die angeführten Zinsregister seit 1321 in der Wortform hirnczberg nun regelmäßig weiterführen, so daß sie vielleicht nicht die geringste Schuld an der durch „Hernsberge" vermittelten heutigen Anähnlichung „Herrnberge" tragen. In Personennamen ließen sich noch viel schlimmere Beispiele allmäh: lich einreißender und dann consequent weitergeführter Wortverderbungen jener sonst so werthvollen Register nachweisen; es genüge hier das Beispiel des be: rühmten Marienstifts=Decans Meister Eckhart, der unlange nach seinem Tod schon zu einem Bizhard geworden ist (1293: de curia magistri Ekehardi; 1321: de curia quondam magistri Bizchardi, was dann mit allerlei Va: riirungen durch die folgenden Jahrgänge hindurchgeht). — Das „Hirschbrühl" hat sich von dem auch ihm nicht erspart gebliebenen n (1382: ortus in deme hornsbrule) glücklich wieder befreit und ist nicht, wie Michelsen (Mainzer Hof p. 5) vermuthet, aus Horsbrühl (= Sumpfbrühl, welches auch eine Tauto: logie ergäbe), entartet. Auch die „Klingen" d. h. die flachen Wassergräben des Dreienbrunnens deutet Michelsen a. a. O. irrthümlich als „trockene Gär:

ten", combinirt dagegen richtig (p. 4) das gekrēse (heute: Gekröse) mit der krēslache (nicht „der Sache nach ohne Zweifel der Wallstrom"!), zu deren Umdeutung in „Hirschlache" das Hirschbrühl, aus dem sie in die Stadt geleitet wurde, beigetragen haben wird. Ueber krēslache und klinge vgl. meine Erfurter Weisthümer p. 92 und p. 49, über den ortsüblichen Sinn von „Wipilde" ib. p. 12.

¹³) In v. Mülverstedts Hierographia Erfordensis (Sonderabdruck aus dem 3. Heft der Mittheilungen des Vereins für die Geschichte von Erfurt) heißt es p. 15 vom Chriaks=Kloster: „Lage der ersten Gründung unbekannt, seit 1123 extra muros auf dem sogenannten Chriaxberge." Da wir aber durch Nicolaus von Siegen (Chronicon eccles. p. 293 f.) erfahren, daß die Benedictinerinnen 1123 vom Severberg nach jener (wir wissen nicht wie bis dahin genannten) Höhe westlich der Stadt zogen, so kann kein Zweifel daran bestehen, daß das uralte Hohe Kloster (Altum monasterium) auf dem Severberg den früheren Wohnsitz jener Nonnen ausmachte; denn ein anderes Nonnenkloster hat es auf diesem Hügel nie gegeben, ja es hat demselben gerade so seinen noch heute fortlebenden Namen gestiftet wie nach seiner Verlegung dem Chrialsberg („monasterium sancti Severi, quod Altum monasterium dicebatur" bei Pertz, SS. VI, 203). Natürlich hängt die Begründung des Severistiftes — so oft mit dem viel älteren Marienstift bei allernächster Nachbarschaft der beiderseitigen Stiftskirchen auf demselben Hügel rivalisirend — mit der Verlegung des Nonnenklosters aufs engste zusammen und geht wahrscheinlich auf die persönliche Entscheidung des Erzbischofs Adelbert von Mainz zurück, der gerade im Jahr 1123 in Erfurt von dem furchtbaren Ansturm jener 20,000 Thüringer bedroht wurde, als in Folge des Beginnens blutiger Erzwingung der Zehntenabgabe durch Ritter im Dienst des Erzstifts die thüringische Volksversammlung wieder auf der Trettaburg wie funfzig Jahre früher (vgl. oben S. 6) das Aeußerste zu wagen sich entschlossen hatte.

¹⁴) Die für das Studium der Eigenthümlichkeiten des Erfurter Dialekts älterer Jahrhunderte nicht unerhebliche Nebenform Schegener für Ziegener oder Ziechner, Schegenwerk für Ziegenwerk findet sich schon in der aus dem 15. Jahrhundert stammenden Handschrift C des Vibra=Büchleins nicht mehr (vgl. Erfurter Weisthümer pp. 97, 98, 110); nicht die — im mittelalterlichen Thüringen ganz gewöhnliche — Verschleifung des i in e ist das merkwürdige, wohl aber die Verwandlung des z in sch. Vielleicht trat die letztere Erscheinung erst um 1300 auf; der Name eines Erfurter Bürgers um 1250 war

Heinrich Ziegenfuß (Henricus Scigenphuz beim Schreiber Bartholomäus): diesen Namen führt das Severi=Freizinsregister von 1293 noch auf in der Form Cigenfuz, das von 1321 aber in der Form Schegenfuz.

¹⁰) Ueber die spätromanischen, theilweise schon in die Gothik hinein= spielenden Formen der noch im jetzigen Dom erhaltenen Theile des alten Baues s. Kugler, kleine Schriften und Studien zur Kunstgeschichte II, 26 f.; vgl. auch Beyer, der Dom zu Erfurt (Erfurt 1867). Puttrich (Denkmale der Baukunst in der Prov. Sachsen, Abtheilung Erfurt) zieht aus dem mä= ßigen Abstand der noch stehenden beiden Fußstücke der alten Thürme brauch= bare Schlüsse über die im Vergleich mit der heutigen Größe doch nur mitt= leren Dimensionen der Kirche des 12. und 13. Jahrhunderts. Die ältesten Quellen reden übrigens nur von diesen zwei Thürmen (die merkwürdiger Weise wie bei der Severi=Kirche gen Osten stehen): der südliche wurde im 12. Jahrhundert begonnen und 1201 vollendet, der nördliche war 36 Jahre jünger.

¹¹) Aus dem Vorkommen solcher „Steinwege" auf eine Pflasterung der Straßen Erfurts schon im 13. Jahrhundert zu schließen, ist ganz unberechtigt; man könnte dann eine solche bis ins 12. Jahrhundert nachweisen, da bereits 1212 ein Berthold vom Steinweg (de lapidea via) genannt wird. Ueber derartige durch Aufschütten von Sand und kleinen Steinen einigermaßen gang= und fahrbar gemachte Straßen oder Steinwege vgl. Kriegk, Frank= furter Bürgerzwiste und Zustände im Mittelalter p. 287 f. u. Anm. 168. Die Freizinsregister erwähnen auch im Brühl einen Steinweg. Später gin= gen natürlich solche Steinwege nicht selten in gepflasterte Straßen über, wie es durch die jetzt im Erfurter Stadtarchiv verwahrten Abschriften der alten Stadtrechnungen aus dem Jahr 1355 von dem Steinweg vor und innerhalb des Kramfen= (jetzt Krämpfer=) Thores bezeugt wird. Selbst „an der Straße" wurde nach diesen Stadtrechnungen erst 1366 gepflastert.

¹²) Auch in Erfurt hieß eine Stadtgegend unweit der Krämerbrücke am Mist oder „auf der Misten" (Erfurter Weisthümer p. 124), wie in Frankfurt a. M. ein Platz unter dem Namen „auf der Schweine Mist" im 14. Jahr= hundert vorkommt (Kriegk l. c. p. 291).

¹³) Im „Sachebuch" des Erfurter Raths (1424—1437), welches im Weimarschen Staatsarchiv („Sammlungen 39") sich befindet, kommen sehr oft Tribungen über die Dachrinne zwischen Nachbarn vor. Das Magdeburger Staatsarchiv enthält unter Erf. Urk. a, XLIV, 21 eine Verkaufsurkunde des Krams „zu den Affen" an der Straße von 1376, worin ausgemacht wird,

daß die Rinne nach Allerheiligen zu von den Käufern allein zu bessern und zu legen ist, die gegen St. Benedict aber von ihnen und ihrem Nachbar „uf die Seiten" zusammen.

⁷⁰) Daß mehrere Häuser (domus) neben einander unter einem Namen befaßt werden, wird daraus zu erklären sein, daß sie (gewöhnlich zu drei) zu einem Hof (curia) zusammengehörten (vgl. Erf. Weisth. p. 67). Die Bezeichnung jener Häuser als „rother Karpfen" findet sich noch nicht in den Freizinsregistern von 1293 und 1294, wohl aber in denen des 14. Jahrhunderts; dabei erweckt mir nur die Wortform Zweifel wegen des grammatischen Genus: später zwar heißt es an der betr. Stelle der Register immer pluralisch „die Karpfen" (1441: zcu den groszen karpen), früher aber allem Anschein nach singularisch de rote karpe (1321), dy rote carpe (1322), wobei jenes de zeigt, wie schon der damalige Erfurter Dialekt gleich dem heutigen statt die be sprach (vgl. auch oben S. 67 zu Ende). Sollte aber karpe gegen schon alt- und mittelhochdeutsche Regel in Erfurt Femininum gewesen sein?

⁷¹) In der topographisch sehr wichtigen erzbischöflichen Urkunde des Magdeburger Archivs von 1385 (Erf. Urk. b, XXXVI, 1) wird als Hauptgrund der Verlegung der alten Martins-Kirche vom Fischmarkt an die Langen Stege, und zwar auf die Stelle der bisherigen Martins-Kapelle des abzubrechenden Martins-Hospitals der Umstand genannt, daß die Kirche „propter strictitudinem" keinen Kirchhof habe („nullum cymiterium nec contiguum nec mediatum"). Ordentlich malerisch heißt es dann von der Lage der „handgreiflich den Einsturz drohenden" Kirche: „cum dicto communi foro undique circa dictam ecclesiam immediate sit communis et frequens curruum et carrecarum transitus, equorum cursus et strepitus hominum, ac ibidem immediate iuxta eandem ecclesiam publicum seculare iudicium et quolibet die servetur et exerceatur cum multis strepitibus et diversis clamoribus, cum turpiloquiis et pluribus aliis inhonestis" etc. Der Erzbischof gestattet den Um- und Ausbau der bisherigen capella s. Martini in die Pfarrkirche s. Martini mit Benutzung des durch den Abbruch der Kirche auf dem Fischmarkt zu gewinnenden Baumaterials („lapides et edificia"), so jedoch, fährt er dann fort, „quod loca illa, in quibus prius dicta parochialis ecclesia et hospitale erant situata, loca sacra remaneant et remanere debeant et ob reverenciam dei et eius sanctorum murus circumdari et crux ibidem poni et in altum erigi in signum et memoriam, quod loca sacra sint et remanere debeant in futurum". Viel-

leicht ist durch jene die Stätte der abgebrochenen Martins-Kirche umschließende Mauer das in Chroniken oft erwähnte „Fischmäuerlein" auf dem Fischmarkt zu erklären. — Da übrigens durch die eben besprochene Urkunde, also im Jahr 1385, der Erzbischof erst seine Genehmigung wie zur Verlegung des Hospitals vor das Krampen-Thor („ad locum prope Crampendor in suburbio ipsius opidi"), so zur Versetzung der Kirche Martini intra ertheilt, so ist danach die Bemerkung in v. Mülverstedts Hierographia Erfordensis (p. 26 des Sonderabdrucks), der Rath habe „im Jahre 1383 die S. Martini intra Kirche abbrechen und am langen Stege, der jetzigen Schlösserbrücke, 1384 wieder aufbauen" lassen, wohl etwas zu berichtigen.

¹²) Auch auf Erfurt paßt, was Gustav Freytag (Vom Mittelalter zur Neuzeit p. 121) von der deutschen Stadt des Mittelalters überhaupt sagt: auf den Straßen sind die Brunnen häufig, es sind einfache Ziehbrunnen mit Rolle, Kette und Eimer. Das heutige Erfurt, das mit seinen mehr denn 40,000 Einwohnern an Bevölkerungsmenge das Erfurt des 13. Jahrhunderts sicher übertrifft, hat kaum mehr Straßenbrunnen als dieses gehabt und hat ohne Zweifel noch die uralten. Eine auf Seite 173 des angeführten „Sachebuchs" verzeichnete Teidung, die 1436 ein Rathsmeister und ein Bierherr mit Zuziehung zweier Baumeister und zweier „Werkleute" des Raths zwischen dem Rathskumpan Kerstan Kaneworff einerseits und der Universität und den Meistern des Collegiums bei St. Michael andererseits vornahm über nachbarliche Differenzen hinsichtlich der Fenster an Kaneworffs Haus („vor die die obgenannten Meister und Universität Nutzmale *) machen und verkleben [vorcleybe] **) sollen"), der Traufe und des Borns, werden ausdrücklich „die wynden an deme borne fasse" erwähnt.

¹³) Die erste mir bekannte Nennung des Erfurter Rathhauses ist die in der wichtigen Bestallungs-Urkunde Heinrichs von Kirchberg als Syndicus der Stadt Erfurt vom 18. November 1275 (Magd. Arch., Erf. Urk. a, XLII, 1a). Der bei Wegele (Friedrich der Freidige p. 391 f.) nicht ohne Lücke mitgetheilte Schluß dieser Urkunde lautet im Original: „Acta sunt hec ... in pirali curie consulum Erfordensis civitatis." Dem Scharfsinn des Herrn

---

*) Ein in Alt-Erfurt sehr bekannter, uns nicht recht klarer Begriff. Seite 180 heißt es ebenda: „Der Giebel, der da gehört zur Flasche [Haus in der Weißengasse], der soll auch Nutzemale bleiben und ihnen [dem Haus zur Flasche und zum Nußbaum bei St. Georgen] beiden dienen.

**) = befestigen.

Archivraths v. Mülverstedt verdanke ich die jedenfalls zutreffende Deutung dieses pirale (= pyrale) als Dörnze, worunter man im Mittelalter überhaupt heizbare Räume wie Badestuben, mit Ofen versehene Wohnstuben, im alten Erfurter Rathhaus aber den großen Saal verstand. — Das Wort Dörnze erinnert in seiner Doppelanwendung auf den erhabeneren Theil sowohl eines Hauses als eines Landes an das Wort loube (Laube), vgl. oben S. 48; es hängt mit dem altslavischen goriniza zusammen, das z. B. noch im russischen gornitza fortlebt. Auch im heutigen Thüringen ist der Ausdruck Dörnze noch nicht ganz verschollen, einen Dörnzenbärk (Oberberg), eine Dörnzengass (bergan führende Gasse?) lernen wir aus Regels mustergültigem Werk über den Ruhlaer Dialekt (auf S. 150) kennen.

¹⁴) Zu dem, was ich bereits an anderem Ort (Erf. Weisth. p. 7, Anm. 12) aus der hier zu Grund liegenden Urkunde mitgetheilt habe, füge ich noch folgenden Passus derselben: „Si ipse reus in sua pertinacia perstiterit et precepto judicis noluerit obedire, prefatus judex ad talem pertinaciam conpescendam deferet consulibus civitatis, eorum ad hoc consilium et auxilium invocando; .. ut ille, qui reus est, extra civitatem pellatur vel supra turrim locetur, nisi talis reus bona habeat, que vulgariter fri vel erbe vocantur, per que ab huiusmodi eiectione civitatis vel inclusione turris eximi poterit secundum consuetudinem opidi Erfordensis hactenus approbatam."

¹⁵) Die Existenz eines Tanzhauses der Erfurter Juden habe ich in meiner die Statistik und Culturgeschichte der mittelalterlichen Erfurter Judenschaft behandelnden Schlußabhandlung der Erf. Weisth. aus dem werthvollen Liber Judeorum des Magdeburger Archivs nachgewiesen. In einem Schriftstück des 15. Jahrhunderts (veröffentlicht durch v. Mülverstedt im Correspondenz-Blatt des Gesamtvereins der deutschen Geschichts- und Alterthums-Vereine, Jahrg. 1870 No. 1) heißt es von Erfurt: „So ist darselbst eyn wuste vorfalln vnd vergangen huse, genant das Juden Huse aber der Juden Dancz aber Waßerhuse." Diese wahrscheinlich nach dem Ausweichen aller Juden aus der Stadt (bald nach der Mitte des Jahrhunderts) niedergeschriebenen Worte beweisen zunächst die Identität von Juden-Haus und Juden-Tanz sowie des Hauses Lage am Wasser, also an der Gera; aber auch das kann kaum zweifelhaft sein, daß dieser „Juden-Tanz" das ehemalige Tanzhaus der Jüdischheit bezeichnen soll. Hierauf gründe ich meine sonst nicht weiter zu belegende Vermuthung, daß dieses Tanzhaus schon im 13. Jahrhundert be-

ſtanden hat, denn 1293 nennt das Severi=Freizinsregiſter: „Domus Judeorum apud cruitstein". Ein an den Krautſtegen, mithin dicht am linken Gera= Ufer, belegenes Gemeindehaus der Juden, das wo möglich, wie noch heutige Gebäude an derſelben Stelle zeigen, theilweiſe mehr über als an dem Fluß errichtet war, konnte leicht den Namen Waſſerhaus empfangen. Im mehr= citirten „Sachebuch" iſt gewiß auch von dieſem jüdiſchen Gemeindegut die Rede, wenn in einer Verhandlung aus dem Jahr 1434 (Blatt 154) geredet wird von „dem Steinwerk, das man nennet das Tanzhaus", von einem „ſteinern Tanzhus".

²⁶) Die Urkunde über den Verkauf von einem Vierteling (ferto) Jahr= zinſes in ponte mercatorum ſeitens des Kloſters Bürgeln an den Rath zu Erfurt befindet ſich in Magdeburg (Erf. Urk. a, XLIV, 3). — Nach dem Sampetrinum (p. 130) wurde übrigens wirklich die Krämerbrücke, noch ehe der Rath ſie hatte in eine ſteinerne verwandeln können, durch eine auch die Ilgen=Kapelle dahinraffende Feuersbrunſt 1293 völlig vernichtet. Der Name pons apotecarum, wie bei dieſer Aufzeichnung die Brücke genannt wird, iſt natürlich mit dem oben angeführten ſynonym, denn apoteca heißt Kram.

²⁷) Die Urkunde des Magdeburger Staatsarchivs von 1288 unter der Chiffre Erf. Urk. a, VII, 10ᵇ iſt neben der allererſten Aufführung ſämtlicher ſpäter ſogenannten Raths=Tranſituſe (des regierenden Raths und der zur Zeit nicht regierenden Rathscollegien) beſonders wichtig durch Aufzählung der Gefrunden=Namen in einer wahrſcheinlich der Vollſtändigkeit ſich ſehr annähern= den Fülle. Da ſie erſt einmal und noch dazu incorrect gedruckt worden iſt, nehme ich an dieſer Stelle Gelegenheit, ſie getreu nach dem Original wieder= zugeben.

Anno Domini millesimo CCº LXXXVIIIº nobis Sifrido de Mulhusen et Sifrido de Keselborn magistris consulum, Gothscalco de Smidestete, Cunrado Kerlingero, Ottone de Hallis, Cunrado Brunonis, Theoderico de Lubelin, Rudolfo de Northusen juniore, Richmaro, Ulrico Rabenoldi, Hartungo de Frinstete, Alexandro de Smire, Reinhardo de Gotha, Wasmudo de Sumerde, Alberto de Frankenhusen, Alberto de Sunneborn, Theoderico Deinhardi, Cunrado de Jene, Syfrido de Buthstete, Henrico de Remede, Gunthero de Osthusen, Bertoldo Cupherslegere, Ludewico de Winrichesleiben et Henrico de Drivordia consulibus *) existentibus.

---

*) Dieſes Wort fehlt in der Urkunde.

Quidam nostri concives, quibus recolende memorie dominus Wernerus, archiepiscopus Maguntinus, una cum suo capitulo officia sua in Erford ad certum terminum unanimiter locaverat, ut per suas et capituli litteras patentes poterant et poterunt declarare tempore oportuno, que quidem officia successor prefati domini Werneri, scilicet beate memorie dominus Henricus archiepiscopus, de facto, cum de jure nequiret, ipsis abindicaverat, conquerentes, quod Raspo et quidam alii huiusmodi officia ipsis iniuriose ablata, capitulo Maguntino tunc dolente, sibi in ipsorum preiudicium vendicabant, nos sepissime monuerunt sub debito juramenti, quo ad procurandum jus tam pauperibus quam divitibus racione consilii astringebamur, ut visis tam ipsorum quam novorum officiatorum literis discuteremus, qui ipsorum in ipsis officiis pocius ius haberent.

Nos igitur dolentes nec inmerito, quod cives officia aliis suis concivibus vi ablata sibi vendicaverant malam viam infringendi alias civitatis literas inducentes, vocavimus pociores nostros concives ad pomerium sancti Augustini scilicet infra scriptos:

Gothscalcum Kerlingerum, Tylonem de Saxa, Ekehardum Hotermannum, Ekebertum de Varila, Gothscalcum Eberhardi, Henricum de Biltersleiben, Cunradum de Frankenhusen, Albertum de Meinwartisburg, Herboldum de Wimaria, Albertum de Muchelde, Lutolfum de Ilmene, Henricum de Sumeringen, Albertum de Berlestete, Cunradum de Saustete, Ludewicum de Osthusen, Bertoldum Sartorem, Cunradum de Meldingen, Reinbotonem Batolfi, Hermannum de Cruzeburg, Hermannum Fabrum.

Henricum de Biltersleiben, Rudolfum de Northusen, magistros, Hildebrandum Kerlingeri, Theodericum de Hallis, Theodericum Stift, Gotscalcum Parvum, Guntherum de Nuenburg, Cunradum de Nuseze, Henricum de Sumeringen, Henricum de Alberchtesleiben, Cunradum de Lutersburn, Theodericum de Madela, Henricum de Martbeche, Theodericum de Rochusen, Henricum de Tifental, Walterum de Oscecz, Henricum Vulpen,[*] Henricum de Eisleiben, Tyrolfum, Albertum Frenkelinum, Cunradum de Berca, Cunradum de Tullestete, Cunradum Scuzlere.

---

[*] Die Urk. hat Wipen; in No. 1 der „Lehnsſachen" der Erfurter Abtheilung des Magdeburger Archivs kommt der Name vor in der Form Henricus Wipis.

Sygehardum de Lubelin, Walterum Kerlingerum, magistros, Theodericum Vicedomini, Henricum de Gotha, Cunradum de Hersfeldia, Ludewicum de Biltersleiben, Cunradum de Lacu, Syfridum Swanringum, Gerhardum de Tutelstete, Ulricum de Swerstete, Guntherum de Smire, Fridericum de Gruzen, Theodericum de Landelostete, Bertoldum de Arnstete, Hugonem de Cymeren, Hartungum de Sunneborn, Hermannum Megeren, Phanzonem, Henricum de Mulhusen, Johannem de Arnstete, Henricum de Biscovisleiben, Jacobum de Erbipoli, Hertwicum de Lapide, Cunradum de Wizense, Henricum de Wechmar, Burkardum de Phertingesleiben, Guntherum Brant, Ulricum de Lichtenfels, Theodericum de Gotha.

Bertoldum Sprungeln, Bertoldum de Biltersleiben, Mezelonem, Richerum, Frowinum, Henricum Muldenbrechere, Theodericum de Smire, Cunradum de Cruceburg, Henricum Vicedomini, Henricum de Hervirsleiben, Theodericum Hotermanni, Hermannum de Madela, Theodericum de Arena seniorem, Henricum de Cymeren iuniorem, Theodericum de Muro, Theodericum Vicedomini iuniorem, Theodericum de Varila, Theodericum de Gutern, Hartungum Hotermanni, Albertum Gemechelich, Henricum Cesarem, Henricum de Egere, Theodericum de Hayn, Henricum Haydorn, illum de Capelndorf minorem. *)

Theodericum de Tyfental, illum de Swanse, Henricum de Elksleiben, Reinhardum de Ollendorf, Eponem de Smidestete, Cunradum Molendinarium, Theodericum de Rochusen, Bertoldum de Elkesleiben, Tylonem Hotermannum, Ekonem Thimonis, Cunradum de Hochheim, Trenkerum, Gothefridum, Henricum de Smidestete, Gerbotonem Filzerum, Fridericum de Sanstete, Theodericum de Cymeren, Heynonem de Osleiben, Henricum fratrem Jacobi, Gikerlingum, Gothfridum de Babenberg, Theodericum de Varila, Hartungum de Stalberc, Hertwicum de Northusen, Ludewicum do Honkirchen, Rupertum, Cunradum Arnoldi, Apeleyum, Henningum de Northusen, G. de Bachere, Henricum de Eiche,

---

*) Die Urkunde zeigt hier einen größeren Trennungsstrich. Ohne Zweifel endigt an dieser Stelle ein fünftes Rathscollegium; Rathsmeister sind zwar dabei nicht mit solchem Titel angeführt, doch beim zweiten Rathscollegium ebenso wenig. Daß im Jahr 1294 Berthold Sprungel und Berthold von Biltersleben Rathsmeister und die Folgenden (bis auf zwei) sämtlich in demselben Jahr Kumpane gewesen sind, lehrt das Verzeichniß auf fol. 72 f der handschr. Chronik von Briese (im Besitz des Herrn Eisenbahn-Director K. Herrmann in Erfurt), wo dieser Namen-Katalog freilich mit vielen Fehlern, aber genau in obiger Reihenfolge zu lesen ist.

Hermannum de Mekela, illum de Plauue,*) Postecam, Hermannum de
Tennestete, W. de Hopfgarten, Hermannum de Tutelstete, Tylmannum
de Saxa, Cunradum de Mekela, Theodericum Osmunt, Bertoldum de
Howenden, Hermannum Witegonis, Hermannum de Trebere, Bertoldum
de Horslat, Drizecmannum, Henricum de Bechstete, Bertoldum de Munre,
Cunradum de Goltbbach, Theodericum de Rochusen, Gerhardum de Tu-
telstete, Gebenonem de Varila, Hermannum de Coberg, Guntherum de
Frinstete, Cunradum Sartorem, Cunradum de Cruzeburg, Ticelonem
Carnificem, Rudewicum, Cunradum Comitem, Martinum Slotillere, Mar-
tinum Cingillatorem, Hildebrandum de Gotha, Frowinum, Wipertum,
W. de Smalicalden, illum de Wernershusen, Henricum de Heilingen,
illum de Benewiz, Henricum de Alich, Duringbertum, Bertoldum Un-
soeten, Fridericum de Bichelingen, Albertum de Mulhusen, illum de
Slatheim, Ekehardum Lekescoup, **) Henricum Monachum, Henricum
Fabrum, Rudolfum Kerlingeri, Gothscalcum fratrem suum, Theodericum
Murere, Hugonem Longum et fratrem suum Gotefridum, Henricum de
Hallis, Cunradum Kelkerum, Guntherum de Gotha, Vilcerum de Smidestete, illum de Palude, Cunradum de Phertegesleiben, Ernestum de Hervirsleiben, Ekehardum Suarz, Henricum Megenberc, Volradum de Sar-
born, G. de Wechmar, Hermannum Militem, ***) Theodericum de Biscovisleiben, Gerhardum de Meywartesberg, Guntherum de Golthbach et
fratrem suum, Gothfridum de Northusen, Ebirnandum Bizcorn, Ottonem
de Rode, Bertoldum Ruz, Giselerum Vicedomini, illum de Rode, Henricum de Latere, Bertoldum de Tutelstete, Witegonem Fabrum, Theodericum Pullum, Theodericum de Smidestete, filium illius de Babenberc,
illum de Kirspeleiben, Heinricum de Aphelstete, Theodericum de Rorbeche, Witegonem de Azemannesdorf, Ulricum de Arnstete, Henricum
et Ditmarum de Arnstete, Meinhardum de Rorbeche cum fratribus suis,
Cesarem de Rudolvistat, Theodericum de Nova civitate, Henricum de
Hekirsen, Colnerum, Wiknandum de Smalicalden, Bertoldum Elrici,
illum de Escenebere, Rizardum Giselberti et quam plures alios cives

---

*) Das zweite u soll jedenfalls ein w repräsentiren wie weiter unten in dem Namen Suarz; das Städtchen Plaue südlich von Arnstadt ist wahrscheinlich gemeint.

**) In der oben angeführten No. 1 der „Lehnssachen" kommen still domine dicte Lekke-schoyben vor.

***) Bei diesem und einigen folgenden Namen hat die Urf. versehentlich den Nominativ.

Erfordenses sub debito juramenti, quo ad civitatem et Maguntinam ecclesiam *) astringimur.

Requisivimus: quorum officiatorum, dato quod utrique haberent litteras, littere essent validiores et pocius observande.

Qui universi et singuli asserebant et iudicabant, litteras domini Wernheri archiepiscopi et sui capituli sigillis munitas esse firmioris roboris quam litteras sigillo domini Henrici dumtaxat munitas, quas quidem, si ipse Raspo et ceteri officiati sui socii haberent, dubitatur, cum ipsas quamquam requisiti a nobis vellent nullatenus exhibere.

Quia igitur in insperatum sepissime incidit periculum, qui futuris casibus non occurrerit, precavere volentes stragem et dissensionem toti civitati nocituram, que inter officiatos hinc et inde propter eadem officia potuissent forsitan evenisse, precipue eciam putantes nos specialem reverenciam Maguntino capitulo exibere, quod ipsorum litteras, cum prohibere potuimus, infringi non permisimus, demum eciam propter utilitatem ecclesie Maguntine: Rasponem et alios novos officiatos, cum tunc nullam auctoritatem, qua sibi officia usurparent, vellent exhibere, pro officiatis habere nolentes ipsa officia commisimus personis communibus, qui omnes proventus officiorum debent usque ad futurum pontificem conservare, cessuros eidem domino futuro pontifici, si voluerit, vel cui illos decreverit assignare.

Ceterum eciam prefati nostri concives universi et singuli una nobiscum de motu proprio data fide compromiserunt, ut, quicunque ex nobis vel ex ipsis ullo unquam tempore in Erfordia officium aliquod convenerit, debet sufferre onera civitatis sicut et alii cives Erfordenses contribuendo, ungelt dando, dextrarios et equos tenendo, quandocunque fuit oportunum, preter quam de illa pecunie summa, quam ipsum uno anno quolibet scilicet contingit dare pro officio, quod convenit, aliis juribus et libertatibus officiatorum omnibus sibi salvis.

In premissorum igitur memoriam dedimus hanc litteram sigillo opidi Erfordensis fideliter roboratam.

⁷⁸) Die interessante Entdeckung des Namensüberganges von de Molhusen durch den Beisatz Margarethae (Vor Marethen) in „von der Marthen" verdanken wir Herrn Archivrath Beyer (vgl. p. 4 seiner Beiträge zu einer Geschichte der Pfarrei S. Michaelis in Erfurt", Sonderabdruck aus dem

---

*) Die Urf.: Maguntine ecclesie.

4. Heft der Mittheilungen des Erfurter Geschichtsvereins von 1869); specifisch thüringisch ist dabei die Verkürzung von vrouwe zu vro, vor, ver nicht, sie findet sich vielmehr weiter verbreitet. Daß dagegen der Name einer allerdings christlichen Familie „Jude" aus dem metronymischen „Guthae" entstanden sei, scheint mir weder sprachlich gerechtfertigt noch sachlich nahe gelegt, da z. B. auch in Frankfurt a. M. im 14. Jahrhundert Peter Jude und Hans Jude Bürger waren (Kriegk, l. c. p. 473). Am wenigsten aber möchte ich um des Namens Fruto willen die uralte Mühle „an dem Furt" oder die Furtmühle zur Fruto=Mühle durch die allerdings wahre Thatsache degradiren, daß im Volksmund vrou (aus vrouwe, vrowe) in vor verkürzt und umgesetzt wurde; die Furtmühle ist gewiß nach der Fuhrt, die da, wo die Mühle noch jetzt steht, in brückenloser Urzeit durch die seichte und inselreiche Stelle der Gera führte, benannt worden, und ist — so recht mitten in dem alten Erpes=Furt gelegen — vermuthlich das erste Haus der Stadt gewesen, in deren Namen der Bestandtheil furt oder vurt, vort (ahd. und mhd. stets Masculinum) ganz unverkennbar ist, so daß die Etymologie nur an dem ersten Theil des Worts ein ewiges Dilemma finden wird, denn in Analogie von Oxford und Ochsenfurt könnte man ebensowohl an althochdeutsch arpi, erpi denken, das bei den mit den Thüringern durch das Angelnblut näher verwandten Angel= sachsen als erfe, yrfe nicht nur Erbe, sondern auch Vieh bedeutet (Grimm, Rechtsalt. p. 466), als der Name Erpo zur Erklärung des Wortes ganz von selbst sich anbietet. Der in den Erfurter Chroniken als Gründer Erfurts ge= nannte Müller Erp, also der Furtmüller, ist sicher ein historisch glaubwürdi= gerer Stadtgründer als Romulus.

[29]) Diese für Aufklärung des Erfurter Ständeunterschieds werthvolle Notiz findet sich in der sauberen Pergament=Handschrift von 1429: „Artikel von des fures wegen". Magd. Archiv, Erf. Urk. a, XXIV, 4.

[30]) Diese Urpoesie von Erfurt steht mitten in die künstlichen leoni= nischen Verse des Carmen satiricum eingefügt in der Berliner Handschrift desselben (zwischen den Versen 2010 und 2011 der neuen Fischer'schen Bear= beitung).

[31]) Auf einem Umschlag fand ich im Magdeburger Archiv über diesen Stan= desunterschied von alter Hand folgende Betrachtung niedergeschrieben: Im Jahr 1382 starb Thilo von der Sachsen, einer von den Gefrunden, der Deinharts Toch= ter zur Frau hatte, der „ein Mann von der Gemeine" war, und Thilo von der Sachsen und Deinhart saßen beide in einem Jahr am Rath. Ebenso hatte Ru=

dolf Ziegler eine Hüttnern von der Gemeine zur Frau, und sein Vater, der alte
Sifart Ziegler blieb doch am Rath. Aber „die alte erbar Gewohnheit ist abe
gethan". Heinz Brun, der noch lebt, ein Gefrund=Mann, hat eine Hüttnern
zur Frau genommen, seinen Vater Andresen Brun wollte man da nicht mehr
am Rath haben; Heine von der Sachsen nahm Hansen Kellners Tochter von
der Gemeine, also wollte man den fürder am Rath nicht mehr leiden.

Hiernach würde allerdings die Bemerkung auf Seite 87 der „Ohnver=
meidlichen Vor Antwort auff die also genante Refutation-Schrifft" (von
1647) zu berichtigen sein, welche behauptet: bis 1510 habe jedes Rathsmitglied,
das „außer den Geschlechtern gefreiet", seinen Sitz im Rath verloren.

Was die Beschäftigung der Erfurter Rathsmänner außerhalb der
Curie anlangt, so ist die originellste Notiz hierüber für das 16. Jahrhundert
jedenfalls die in Hogels handschr. Chronik zum Jahr 1539 überlieferte: der
damals gestorbene Rathsverwandte Balthasar Uzberg oder Uzburg sei sein
Lebenlang ein solcher Feind des Müßiggangs gewesen, daß er sogar des
Sonntags flächsen Garn am Rocken gesponnen habe, Tuch (d. h. Leinwand)
davon zu machen. Die Stadtchronik scheint dies mehr wegen der Verwendung
des Sonntags zu so profaner Arbeit für auffallend zu halten; die Arbeit am
Spinnrocken selbst wäre vielleicht, obgleich von einem Rathsverwandten ge=
trieben, kaum als Merkwürdigkeit aufgezeichnet worden.

**) Dieses Testament befindet sich im Magdb. Arch. unter Erf. Urk. s,
XLVIII, 1. Neben manchem anderen lernt man aus demselben auch den
schwankenden Gebrauch der Worte curia und domus recht deutlich kennen
(über deren in Erfurter Urkunden wenigstens sehr häufig vorkommende Unter=
scheidung als Bezeichnung größerer und kleinerer Wohnhäuser Erf. Weisth.
p. 67 Anm. 129 gehandelt ist), so aus den Worten: „Insuper de curia,
quam inhabitat Hermannus de Goiniz, annuatim michi solvitur una
marca, quam lego fratri Alberto, filio meo, de ordine minorum fratrum,
quod illa ad comparandas vestes, si eam requisierit, sibi detur. Apud
hanc curiam habeo duas domus, quas tres domus" etc.

³⁹) Die Original=Urkunden über diese bisher unbekannt gewesenen Ab=
rechnungen (d. d. VIII. Id. Septembr. 1246) zwischen Papst Innocenz und
den Erfurter Gefrunden, vermittelt durch den Erfurter Stiftsherrn, der, wie
es scheint, in die Umtriebe zur Wahl des Pfaffenkönigs vollkommen einge=
weiht worden war, liegen in Erfurt, Abschriften davon auch im dortigen
Stadtarchiv. Das Original eines Versuches, in die verwickelten Finanz=

verhältnisse des an alle möglichen Einwohnerklassen Erfurts — Christen und
Juden, Gefrunden und Handwerker, selbst an „Radolf und seine Genossen die
Fleischer" unter anderem „für Bier" — verschuldeten Erzstiftes Ordnung zu
bringen, sie wenigstens einiger Maßen übersehbar zu machen, stammt vom
„Schreiber Bartholomäus" und befindet sich, noch unedirt, im Staatsarchiv
zu Coblenz. — Uebrigens stimmt in den oben erwähnten Rechnungsbriefen
die Summe von 14,000 Mark („in auro, argento et sterlingis"), welche
Hugo von den zwei päpstlichen Boten empfangen zu haben bescheinigt —
Gold und Silber nach Kölner Gewicht, die Sterlinge „zu 12 Schillingen auf
die Mark" —, mehr mit der Angabe der 15,000 Mark bei Böhmer (Regesten
von 1246 — 1313 p. 1) als mit der auf 25,000 „ad supplementum regni"
lautenden des Sampetrinums (p. 80).

³⁴) Die betreffende Urkunde des Magdeburger Archivs von 1278 ist von
Lambert (l. c. p. 185) veröffentlicht worden. Nach dem Original ist jedoch
darin das Wort Sancrokenkorph in Santrokenkoiph zu bessern, wie ja
ebenda p. 105 der Name auch richtig aus Falckensteins Chronik abgedruckt ist
in Artikel 6 der Vierbriefe („darüber bitten wir, daß ihr den stinkenden Kauff,
die da bey Namen sanbt rocken heißet, vor das mehr verbietet, davon leider
die bößen und die meisten Schade und Schande erwachsen seyn der Stadt").
Sprachlich ist der Name des Santrodenkaufs noch ebenso dunkel wie hinsichtlich
seiner eigentlichen Bedeutung; noch jetzt lebt er in Erfurt als Personenname.

³⁵) Diese Beziehung des Henkers zu den Stadtdirnen folgere ich aus
den Braunschweiger Verhältnissen (Dürre, Braunschweig im Mittelalter p. 694):
fast am Südende der Braunschweiger Hinter= (Echtern=) Gasse lagen in der
östlichen Häuserzeile die vier Gebäulichkeiten des rothen Klosters, das von den
„gemeinen offenbaren Weibern" den Heiligenbildern der Michaeliskirche gegen=
über bewohnt wurde (wie auch das Erfurter Frauenhaus des 15. und begin=
nenden 16. Jahrhunderts zu beiden Seiten eines Marienbildes belegen war),
und ebenda wohnte der Henker, der sie in Ordnung zu halten hatte.

³⁶) Ich glaube kaum, daß ein zweiter Dichter des Mittelalters so ganz
den Heine'schen Ton angeschlagen hat wie Nicolaus von Bibera in den Versen
von den Studien der Beginen im Decliniren und im Dichten — nicht ver=
mittels Spondeus oder Trochäus, sondern allein in solchen Metren, die den
britten Fuß, auf den es ihnen allein ankommt, nicht vermissen lassen (1635—
1639).

⁸⁷) Man vergleiche die auf urkundlichem Quellenmaterial beruhende „Geschichte des Klosters der Ursulinerinnen, ehemals der weißen Frauen in Erfurt" von Beyer (Erfurt, 1867).

³⁸) Entdeckt wurde der Erfurter Tristan-Teppich von Herrn Baurath Drewitz in der oberen, an die Südseite des Erfurter Domchors angebauten kleinen Sacristei; ich verdanke meine Kenntniß von demselben der Güte des um die heimischen Kunstschätze so verdienten Herrn Kruspe in Erfurt. — Durch das im Text Gesagte will ich durchaus nicht behauptet haben, daß der Teppich im 13. Jahrhundert gestickt worden sei; Buchstabenform und Wortklang der Umschriften weisen ihn vielmehr der zweiten Hälfte des 14. oder gar dem 15. Jahrhundert zu.

Herr Kruspe entdeckte einen noch älteren Bilderteppich im Ursulinerinnen-Kloster mit Darstellungen aus der Marien-Legende. Dieser wird wohl ein Werk der Erfurter Weißfrauen oder Büßerinnen selbst sein, da das frühere Marien-Magdalenen-Kloster 1667 in das heute noch bestehende Ursulinerinnen-Kloster verwandelt worden ist und die Weißfrauen sich gewiß auch mit Sticken beschäftigt haben. Nach einer vielleicht nicht völlig grundlosen Sage hat die heilige Elisabeth im Erfurter Büßerinnen-Kloster eine Stickschule errichtet; das Kloster bewahrt unter seinen heiligen Denkmälern noch einen Trinkbecher der heiligen Elisabeth aus dünnem Glas.

³⁹) Hierüber handelt P. Cassel in seiner Schrift „das alte Erfurter Rathhaus und seine Bilder" (Erfurt, 1852).

⁴⁰) Die Angabe irgend eines Jahres als Anfang dieses auf uralten Naturcultus offenbar zurückgehenden Festes, wie z. B. auch Barthold (Geschichte der deutschen Städte III, 34) eine solche mittheilt, ist immer apokryph. An heidnische Bräuche gemahnt namentlich der bis in neue Zeit bewahrt gebliebene Brauch, daß am Vorabend des Festes die Bierträger mit Bier und Kuchen in den Wald ziehen, auf der Kuhweide die Walpurgisnacht durchwachen und den Festzug des anderen Morgens dort erwarten mußten. Vgl. auch darüber Uhland in Pfeiffers Germania V, 281 f. und Pabst, die Volksfeste des Maigrafen in Nord-Deutschland.

⁴¹) Vorzüglicher als die Darstellung des Ereignisses der Hostienverwandlung in den Reinhardsbrunner Annalen (p. 55 ff.) ist diejenige, welche Erzbischof Konrad selbst in seinem Brief von 1191 seinen Suffraganen gibt. S. Jaffé, Bibliotheca rerum germanicarum III. 413 f. Man vergleiche auch die Erzählung Arnolds von Lübeck in den Monumenten (SS. XXI, 188 ff.).

⁴¹) Abbildung und Beschreibung der merkwürdigen, noch in Erfurt vorhandenen Holzschilde mit Schweinslederüberzug, in denen hie und da noch abgebrochene Pfeilspitzen stecken, s. bei Herrmann, Wappen und Siegel der Stadt Erfurt (1. Heft der Mittheilungen des Erfurter Geschichts-Vereins). Diejenigen dieser Schilde, welche außer dem Rad nur das Vieselbacher Adler-Wappen zeigen, können noch aus der Schlußzeit des dreizehnten Jahrhunderts stammen.

⁴²) Die reich geschmückte cucufa eines Erfurter Bürgers kommt vor in Ellenhards Chronicon (Pertz, SS. XVII, 133); Closeners Straßburger Chronik spricht allerdings von einem Eser d. h. einer Umhängetasche (Bibliothek des lit. Vereins zu Stuttgart I, 40).

⁴³) Im Carmen satir. heißt es v. 1859 f. „minxit in vas urine". Landgraf Ludwig muß, als sich sein Löwe auf der Wartburg losgerissen hat, aufspringend vom nächtlichen Lager erst das Hemd anziehen, ehe er hinauseilen kann (vgl. Leben des heiligen Ludwig ed. Rückert p. 18).

⁴⁴) Die aus Erhards Nachlaß für die Kgl. Bibliothek zu Berlin angekaufte Matrikel der auf der Erfurter Universität Promovirten (Mss. Boruss. fol. 833) führt den Titel: Matricula facultatis artium liberalium studii Erfordiensis... ab A. 1392, qui natalis Universitatis nostrae. Kampschultes ausgezeichnetes Werk kann den Wunsch, eine Geschichte der Erfurter Hochschule seit ihrer Gründung bis zur Reformation geschrieben zu bekommen, nur noch vergrößern. Wie mancher ungehobene Schatz einem solchen Geschichtsschreiber in dem genannten Pergament-Codex sich bieten würde, will ich nur an einem hervorragenden Beispiel in aller Kürze andeuten. Man klagt mit Recht über die unsichere Chronologie in Luthers Lebensgeschichte während seines bedeutungsvollen Aufenthalts in Erfurt. Noch in der jüngst erschienenen 3. Auflage von Moritz Meurers quellenmäßiger Bearbeitung von Luthers Leben wird gleichwohl als „fest stehend" angenommen, daß Luther 1501 die Universität Erfurt bezogen, 1503 den ersten philosophischen Grad als Baccalaureus und 1505 die Magisterwürde daselbst erlangt habe, nur daß doch Melanchthons Angabe des Magisterjahres abweiche und der auf die Magister-Promotion folgende Eintritt ins Augustiner-Kloster vielleicht erst 1506 anzunehmen sei. Die erste dieser Angaben wird bestätigt durch die in der Kgl. Bibliothek zu Erfurt befindliche Inscriptions-Matrikel, die zweite ebenso entschieden widerlegt wie die dritte bekräftigt durch die genannte Promotions-Matrikel: auf fol. 70 hat diese den Namen Martinus luder de Mansfelt unter den zu

Michaelis 1502 promovirten Baccalaureen und auf fol. 170 v. den Namen Martinus luder ex Mansfeldt unter den im Jahr 1505 promovirten Magistern. Demnach muß man die aus Motschmanns Compilation übernommene Angabe, Luther sei 1503 Baccalaureus geworden, ohne Zweifel berichtigen; Luther ist vor Vollendung seines 19. Lebensjahres, im nächsten Jahr nach seiner Immatriculation bereits zu der akademischen Würde des Baccalaureats gelangt. Melanchthons Aussage in der Vita Lutheri (p. 6), Luther sei mit 20 Jahren Magister geworden, beruht also auch nicht, wie Jürgens (Luthers Leben I, 312) meint, auf einer Verwechslung der Magisterwürde mit dem Baccalaureat; Luther wurde vielmehr im Lauf seines 22. Lebensjahres Magister, also nach der durchaus wahrscheinlichen Angabe bei Ericeus und in Jonas' Predigt über der Leiche Dr. M. Lutheri auch noch 1505 Mönch.

⁴⁰) Ich kann meinem verehrten Freund Herrn Dr. Theobald Fischer doch darin nicht beistimmen, daß diese „Erfurter Schulen", aus denen er selbst sich die spätere Universität hervorgegangen denkt, „jedenfalls meist mit den einzelnen Kirchen und Klöstern verbunden" waren (p. 90, Anm. 4 seiner vortrefflichen Ausgabe des Carmen satir.). Neben der hohen Schule, die schon geradezu das „studium in Erford" (wie nachmals die Universität), von Trithemius Erfurter Gymnasium genannt wird, bestanden die Stiftsschulen und die Klosterschulen (wenn wir solche außer der des Peters- und Predigerklosters annehmen wollen) in Verhältnissen weiter, die einen Ruf so weit über die engere thüringische Heimath hinaus wohl ausschließen möchten. So bestimmte Erzbischof Konrad durch eine im Original zu Erfurt befindliche Urkunde, daß wie anderwärts so auch in der Propstei beatae Mariae nur die Conventual-Kirchen ihre Schulen haben sollten, ferner daß jede dieser Kirchen ausschließlich „pueros sue professionis" in ihre Schule aufzunehmen und cum stipendio suo apud magistrum scolarum unterzubringen habe; das Sampetrinum (p. 124) identificirt geradezu novicii und scolares des Petersklosters.

⁴¹) Gegen meine eigene frühere (Erf. Weisth. p. 125, Anm. 401 ausgesprochene) Vermuthung pflichte ich jetzt völlig dem verdienstreichen Herausgeber von Konrad von Megenbergs „Buch der Natur", Franz Pfeiffer, bei, daß der wackere Megenberger ein Main-Franke von burggesessenem Adel war. Der Name Megenberg, der der horriblen Lautverschiebung Megenberger-, Meienberger-, Melmber-, Eimber- und endlich Eimergasse zu Grund liegt, trifft offenbar nur zufällig mit dem Familiennamen des berühmten Zöglings des „Erfurter Gymnasiums" zusammen, da die Bürgerfamilie sich auch gar nicht de Megenberg, sondern blos Megenberg nannte. S. oben Anm. 27.

⁴⁸) Fischer hat gewiß Recht, wenn er bei den in Vers 1482 ff. geschilderten „cetus canonicorum" neben dem Marien- und Severstift an das Petersklofter denkt; ich glaube, die zuerst erwähnten „duo cetus" gehen auf die Stiftsconvente, der „tertius pregnans, quem provehat ethere regnans" anf das Peterskloster, das darauf folgende Lob aber auf alle drei. Im 12. Jahrhundert nannten sich die Canoniker s. Mariae noch Regular-Canoniker (vgl. Stumpf, Acta Moguntina p. 145). — Auch darin trifft Fischer offenbar mit dem Natürlichsten das Richtige, daß er die canonici „sanguine clari" als solche „von edler Abkunft" deutet, obgleich die Gloffe zu Vers 1484 jedenfalls auf die 1253 begründete ecclesia sacri fontis räth. Diese Gloffe hätte eher einen Sinn, wenn sie zum vorhergehenden Vers gehörte und dem allerdings allezeit den Sarcasmus auf der Lippe habenden Dichter einen Hohn auf die „Canoniker" dieser Kirche „zum heiligen Born" (auf dem heutigen Roßmarkt) unterschieben sollte, die einen unglücklichen Ehrgeiz darein setzten, eine selbständige Körperschaft bei ihrer Minderzahl und Bedeutungslosigkeit zu bilden. Jedoch auch das würde mir unwahrscheinlich vorkommen, weil dann nicht bloß des berühmten Petersklofters im ganzen Gedicht mit keiner Silbe gedacht wäre, sondern auch nun einem Spottvers offenbar ernstlich gemeinte Lobeserhebungen auch dieses „tertius cetus" folgten.

⁴⁹) Die bis jetzt, wie es scheint, ganz unbekannt, sicher wenigstens ganz unbenutzt gebliebene Pergament-Handschrift der Berliner Kgl. Bibliothek Mss. Boruss. fol. 78 ff. unter dem Titel „Liber officii cenarum s. Petri Erford. Saec. XIV." bringt zum Jahr 1366, in welchem man das Buch zu schreiben angefangen hat, eine Zinsabgabe vom „Conventus grisearum beginarum" in der Parochie s. Leonhardi; vielleicht schon damals aber führte das betreffende Haus nur noch den Namen Beginen-Convent in Folge seiner vormaligen Bestimmung; denn im Jahr 1369 wird derselbe Zins angeführt als zu zahlen „de domo quondam conventus." — „Tuchschlitzung" d. h. Schnittwaarenhandel in Wollentuch „apud beekinas seu moniales" kommt in §. 208 des Bibra-Büchleins (Erf. Weisth. p. 113) vor. Die Innungslade der Erfurter Tuchmacher oder Wollenweber verwahrt noch ein altes Statut, in welchem sich die Bestimmung findet: „Aber die Nunnen mogen wol grisch tuch machenn als sie vor alber gethan haben". — Erfurter Inclusen (sonst öfter Reclusen genannt) führt das Necrologium s. Petri mehrere auf, s. die Excerpte aus demselben bei Schannat, Vind. lit. II, 18.

⁵⁰) Dies entnehme ich den mit werthvollen Urkunden-Abdrücken altbewährter Treue versehenen „Beiträgen zu einer Geschichte der Pfarrei S. Mi-

chaelis in Erfurt" von Beyer (Sonderabbruck aus Heft 4 der Mittheilungen des Erfurter Geschichts-Vereins).

⁶¹) In der Anm. 49 citirten Handschrift findet sich auf der vorletzten Seite des sub No. 79 registrirten Bandes folgendes, wahrscheinlich 1869, mit flüchtiger Hand niedergeschriebene Recept zur Güter-Annexion für das Kloster von Novizen: „Forma subsequenti sine symonia possunt recipi aliqui ad monasterium. Primo dicatur eis: ... bidue intrare recipiemus te, libenter offer te et tua. Dicendum: quum intres, omnia sunt monasterii. Si vero talis adultus habet bona et non vult omnia dare monasterio, tunc condatur testamentum ante ingressum et nominet monasterio, que velit dare, ne postea fiat error". Auch auf den Fall wird dann im weiteren Bedacht genommen, daß der Novize durch Eltern oder Vormünder in seinem Wohlwollen gegen das Kloster behindert werde; dann soll man einen Theil der Erbschaft wenigstens zu erwerben suchen mit der seltsamen Drohung, sonst am Ende das Ganze zu nehmen. „Tunc", heißt es von diesem gewiß nicht seltenen Fall, „possunt fratres dicere: libenter recipiemus, sed scias, quod, si continget patrem tuum vel matrem tuam mori, recipiemus hereditatem tuam totam; quod tibi placet, hoc fiat!"

⁶²) Im Necrologium des Klosters verzeichnete man einen „Conradus de Fulda, doctor in medicinis nostrae congregationis physicus, qui dedit calicem et alia legavit in valore XXX florenorum". Die letztere Münzangabe weist diesen Mediciner frühestens dem 14., wahrscheinlicher dem 15. Jahrhundert an. — Ueber die Verdienste der Petersmönche handeln die beiden Schriften des letzten Kloster-Abtes Placidus Muth (Erfurt 1798 und 1804); besonders die jüngere derselben über die auf dem Petersberg gepflegten wissenschaftlichen Studien ist nicht werthlos.

⁶³) Der Klagebrief des Grafen Albert von Gleichen, ein recht charakteristisches Stück der Faustrechtszeit, hat sich in einer alten Abschrift dadurch erhalten, daß das nur in einer Columne damit beschriebene Pergamentblatt in das Copialbuch CL des Magdeburger Archivs als fol. 73 eingeheftet worden ist. Er enthält jedenfalls Klagen aus der Fehdezeit von 1275; da diese aber im April bereits ihr Ende erreichte und z. B. von Erntezeit in einem der Klagpunkte geredet wird, so scheinen auch Züge aus früherer Zeit, wohl aus den Monaten der allmählich erwachenden Feindseligkeit mit Zügen des offenen Ausbruchs derselben ohne Rücksicht auf chronologische Folge zusammengestellt zu sein. Der Wortlaut ist folgender:

He sunt cause, de quibus composicio intervenit, quas habebat dominus Albertus de Glichen contra cives Erfordenses.

Bertoldus dy Gota accipit sibi bona sua in Marpeche et in Widenhain et unam vineam sitam in Waleslebin et altera bona.

Item Bertoldus iunior de Gota intravit villam Tutelstete quinquies vel plus et cum violencia trusit ostia, pignoravit ibidem et captivavit homines, cum tamen ad nos pertineat iurisdicio dicte ville.

Item iniecit manus in Albertum Kellen et male tractavit eum et abstulit res suas in civitatem*) Erfordensem.

Item cives Erfordenses Sifridum Gygantem dimiserunt vulnerari et captivari, cum iudicio presideret.

Item pro emenda castri nostri Tunna promiserunt nobis C marcas in festo pasche, quam summam protraxerunt usque ad Jacobi, pro qua nostri milites iacuerunt Erfordie, in quo recepimus magnum dampnum.

Item ceperunt Wolframum, nostrum servum, quem dampnificaverunt in XX marcis.

Item Guntherus Alboldi cepit Sifridum et Heinricum in Munstergehoven pro eo, quod pignoravit justa causa, quos eciam deduxit.

Item Marquardus Swanri[n]c male tractavit Wolpertum, advocatum nostrum, per manus iniectionem.

Item iniuriatur nobis in nostra **) piscaria in Bischovisleiben.

Item cum fecimus fodi piscinam in Alich, eiecerunt nostros fossores; in eo dampnificaverunt nos in LX marcis et amplius.

Item filii Bertoldi de Gota ceperunt Albertum de Witerde et H. de Wimaria in iurisdicione nostra.

Item cives promiserunt nobis iusticiam ordinare de Theoderico de Wulstete, ***) quem ceperamus et propter eos solutum dimisimus; non fecerunt.

Item Witelo, gener Bertoldi de Gota, percussit nostrum preconem in strata publica.

Item cives in Eschenebero durante pacto receperunt LX capita pecorum.

Item homines nostri de Swabehusen fecerant pactum in concambium illorum de Bruwarterode, et tum oportuit eos dare II marcas Gunthero de Slatheim, soldario civium.

---

*) Rf.: civitate.   **) Rf.: nostram.   ***) Rf.: Wistete.

Item Marquart Swanrinc cepit Theodericum Rufum de Ermelstete eo, quod pignoravit pro iusta causa. *)

Item Bernoldum **) de Tenestete ceperunt in nostra iurisdicione ***) decollantes eum nec prosequentes ius coram nostro advocato.

Item ille de Lewenstein cepit homines Wolperti de Swerstete treugis durantibus.

Item receperunt homines nobis attinentes iure advocaticio in concives.

Item Bertoldus de Gota cepit unum molendinarium iure advocaticio nobis attinentem, quod dedit †) sibi quinque marcas.

Item in bonis nostris quingentas marcas commisimus gracie vestre, quod probare possumus.

Item multa feouda, que nobis libere vacaverunt.

Item Bertoldus de Gota vel servus suus cepit servum nostrum Capuz et tanquam latronem traxerunt ad indicium, petentes ipsum decollari pro eo, quod iussimus ipsum adesse cum advocato nostro, ubi ipse in nostra iurisdicione racionabiliter pignoravit; in quo idem dampnificatus sum CC sex marcis.

Item destruxerunt villam Hacstete iurisdicioni Novi castri attinentem.

Item villam nostram Tutilstete incenderunt et nostrum advocatum male tractantes agitaverunt.

Item Bertoldus de Gota iudicavit de quodam interfecto in iurisdicione nostra, scilicet in Marpeche, cum ad ipsum non pertineat sentencia capitalis.

Item cives ceperunt K. de Ustbusen in nostra iurisdicione et decollaverunt.

Item cum soldarii exierant cum Heinrico de Gota pro annona sua in Ermelstete, abstulerunt nostris hominibus X agros avene.

Item Hugo Longus cepit Giselbertum, servum nostrum, et vulneravit ipsum in Alich in iurisdicione nostra.

**) Der Sühnebrief datirt vom 23. April 1275 und ist uns abschriftlich erhalten in dem so inhaltsreichen Faszikel des Magdeburger Staatsarchivs „Erf. Url. a, VII, 3"; es scheint jedoch als ob die Versöhnung nicht bei allen den ablichen Contrahenten lange vorgehalten hätte, da uns ein neuer Special-

---

*) Mf.: causam. — **) Mf.: Bernoldus. — ***) Mf.: nostram iurisdicionem. —
†) = ut daret.

Sühnebrief des Grafen Otto von Orlamünde vom 29. Mai 1276 vorliegt (Magd. Arch. Erf. Urk. a, XVII, 5).

**) Die Originalurkunden hierüber befinden sich wieder in Magdeburg (Erf. Urk. a, XIII, 1—5).

**) Es ist eine von Lamberts Ungenauigkeiten, von einer Urkunde, die er selbst vom „XIIII Kal. Januarii" 1266 datirt abdruckt (l. c. p. 128 f.), zu reden als wenn sie auf ein Ereigniß des Jahres ging, vor dessen Anfang sie ausgestellt ist. Auch deutet diese Urkunde den Streitpunkt nur so allgemein an, daß es unmöglich ist aus ihr zu folgern, der Rath hätte sich damals die dem Erzbischof zustehende Judenschatzung angemaßt; „ihr", sagt Werner, „und die Juden selbst sind beide unserer Gnade wieder vollkommen theilhaftig", und sodann folgt in demselben Satz Aufhebung des um dieses Streites willen verhängten Interdicts und Bestätigung der Judenrechte „bis zu dem Termin, bis zu welchem sie durch unsere und unserer Vorgänger Briefe geschützt sind". Mir scheint daraus eher zu folgen, daß der Rath die Juden seiner Stadt gegen erzbischöfliche Ansprüche (jedenfalls pecuniärer Art) in Schutz genommen hat, wie er es nachmals bei den bekannten schamlosen Gelderpressungen deutscher Kaiser von der Erfurter „Jüdischheit" nachgewiesener Maßen gethan hat. — Auch die tumultuarische Scene von 1273, die mittelbar zum Bau des Lutherklosters führte, indem die Bürger das kürzlich erbaute frühere Augustinerkloster zerstörten, kann nicht als ein Angriff auf erzbischöfliche Gerechtsame betrachtet werden, da es sich zunächst nur um das Areal handelte, auf welchem die Mönche ihr Haus errichtet hatten. Im Besitz des Herrn Apel in Dresden (abschriftlich auch im Erfurter Stadtarchiv) befindet sich die vom Erzbischof selbst ausgegangene Verordnung, es solle die Rechtmäßigkeit des betreffenden Areal-Besitzes untersucht werden, und, wenn die Entscheidung dahin ausfalle, daß die Augustiner kein Recht an dieser Hofstätte hätten, möge man in seinem Namen den Rath bitten um Vergönnung eines anderen Aufenthaltsortes. Dem gegenüber ist es kaum zweifelhaft, daß die Bürger zu dem Gewaltact durch Obstinanz der Augustiner herausgefordert wurden, wobei das durchaus achtungswerthe Bestehen der Bürger auf einem selbst vom Erzbischof nicht verworfenen Recht seine Rolle spielte.

**) Kirchbergs Uebernahme des Erfurter Syndicats geschah am 18. November 1275. Die betreffende Urkunde ist uns noch im Original mit einem anhängenden kleinen Siegel von parabolischer Form in grünem Wachs erhalten. Abgedruckt ist sie jetzt wie die auf die Stotternheimer Affaire bezügliche

Urkunde von 1269 bei Wegele (Friedrich der Freidige p. 391 f. und p. 382 f.);
da Wegele wohl nicht in der Lage war, diese Documente selbst nach den Originalen zu copiren, erlaube ich mir an dieser Stelle einige Berichtigungen nachzutragen. In der Urk. von 1275 ist nach dem Magdeburger Original (Erf. Urk. a, XLII, 1ª) im Wegele'schen Abdruck zu ändern:

Zeile 3 iureiurando in iuramento
: 6 succedentis : succedentes
: 9 patrimonio : patrocinio
: 12 roboratum : roboratam
: 14 in die oben (Anm. 23) mitgetheilten Worte.

In der Urk. von 1269 ist (ebenfalls nach dem Magdeburger Original) zu lesen: .. poteramus habere .., quod iidem municionem in Stuternheim expugnaverunt et penitus confregerunt, remisimus liberaliter et sincere, renunciantes omnino omni accioni seu impeticioni, que nobis et nostris heredibus contra eos conpetebat vel posset conpetere quoquo modo. Eciam quod nobis presentibus etc.

ªª) Ich halte es für sehr unwahrscheinlich, daß die Datirung dieser Urkunde von 1282, wie sie das Magdeburger Copialbuch CL gibt, richtig sei. Bekanntlich fehlt uns bis jetzt freilich zur endgültigen Entscheidung darüber das Original; aus inneren Gründen ziehe ich jedoch bis auf weiteres die Datirung vom XII. Kal. Aprilis 1277 vor, die ich in einer Abschrift des bereits citirten Fascikels (Magd. Arch., Erf. Urk. a. VII, 3) vorfand. Die Geschichte mit dem Pferdestall wird als ein dem Mainzer Hof zu Erfurt angethaner Schimpf bezeichnet, ist also gewiß dasjenige Attentat, über welches die im Original uns erhaltene Verhandlung vom Sonnabend nach Martini 1275 geführt wurde (ib. VII, 5 und 6). Eine chronologisch nahe Beziehung der undatirten Sühne, die unter dem Namen Concordata Wernheri bekannt ist, zu dem in Rede stehenden Brief desselben Erzbischofs nehme auch ich an, halte aber dem eben Gesagten zufolge 1277 oder 1278 für ihr Ursprungsjahr. Fischer hat beide Urkunden mit Lambert ins Jahr 1282 verlegt und zur Feststellung der Dauer des großen Interdicts eben jenes März-Datum mit benutzt (l. c. p. 157 f.); dies steht in so fern mit dem, was wir aus dem Sampetrinum wissen, nicht in Widerspruch, als dann der Anfang des dritthalbjährigen Interdicts immerhin ins Jahr 1279 zurückreicht, das Sampetrinum die „Versöhnung" (composicio) mit dem Erzbischof auch der Rückkehr der Geistlichen zeitlich voranstellt. Indessen diese Rückkehr erfolgt nicht von selbst, wie es nach völliger Aufhebung des Interdicts wohl geschehen wäre, sondern erst auf „ehrenvolle Zurückberufung" durch den Rath, und der den Ereignissen so nahe stehende Nicolaus von Bibera sagt ausdrücklich (v. 512 ff.):

> Mox impetrata venia sententia lata
> Fit retractata, sed cleri concio grata
> Est inducenda prius et in honore tenenda.

Deßhalb scheinen mir drei Vorgänge in gewisse zeitliche Abstände zu gehören: Abschluß der Verhandlungen zwischen den städtischen Abgeordneten und dem Erzbischof, Erfüllung der Bedingung des Rückrufs der vertriebenen Geistlichen (nebenbei der ausbedungenen Zahlung der Strafgelder) und auf Grund von jener Abmachung und dieser Erfüllung nun die endliche Sühnung durch ausgestellten Brief. Dieser Sühnbrief würde aber, wenn man jene vom XII. Kal. Aprilis 1282 für denselben hielte, nicht nach, sondern drei Wochen vor der Rückberufung des Clerus ausgestellt sein. Und sollte wirklich der langjährige Rechtshandel des großen Interdicts, der zu doppelter Appellation an den päpstlichen Stuhl geführt hatte, im wesentlichen mit einer Verständigung über den Ersatz des im Marstall verübten Schadens und über ein paar Leinwandbuden geendet haben? Denn die Garantie hinsichtlich der Marktmeister-, Münzmeister- und Schultheißenämter kommt sehr nebenbei und ist mehr eine stereotype Formel der Gewährleistung der mainzischen Rechte in Erfurt, da sich diese schon damals beinahe ganz hierauf beschränkten. Sollte bei dem Streit der Jahre 1279—82 nicht das hochwichtige Vogteirecht mit Rolle gespielt haben, dessen erster (rückläufiger) Ankauf vom Grafen von Gleichen seitens der Stadt gleich 1283 folgte? — Bemerken will ich schließlich noch, daß Golschalk Kerlinger und Rudolf Raspe, von denen (nach einer Abschrift) das dem Erzbischof übergebene Exemplar der fraglichen Concordaten beglaubigt wurde, 1278 Rathsmeister waren, 1278 auch ein Dietrich Vitzthum die Reihe der Consuln beginnt, wie dort ein Heinrich (Dietrich?) Vitzthum als „comprocurator" neben Raspe auftritt.

**) Die schwierigen Verse des Carmen satiricum, die sich auf den Verlauf des Interdicts beziehen, hat Fischer eingehend behandelt in seinem Excurs p. 153 ff. Ich weiche nur in der Deutung der Verse 358 und 359 von ihm ab, wo ich cives als Nominativ statt als Objectsaccusativ verstehe. — Fischers lichtvoller Darstellung verdanke ich die Erkenntniß der theilweisen Nichtberechtigung eines früher von mir geäußerten Urtheils hinsichtlich des Rathserlasses von 1281; ich nehme gern Veranlassung, meine frühere Beurtheilung hier auf das richtige Maß zurückzuführen: eine bloße Ironie kann

ich zwar auch heute noch nicht in den Worten erkennen, mit denen der Rath
die Verordnung motivirt („ob reverentiam pariter et honorem reve-
rendi patris domini nostri archiepiscopi Moguntini et Moguntine ecclesie,
matris nostre"), indessen ist das Verbot, das damit eingeleitet wird, doch
nicht eine bloße Wiederholung desjenigen, welches Erzbischof Werner selbst
1270 gegen den Verkauf von Freigütern an Kirchen und Klöster hatte ergehen
lassen, vielmehr liegt wohl eine gewisse Pikanterie darin, daß der Rath dieser
Inhibirung, die ja nur die Erhaltung der Freizinspfenninge für die erzbischöfliche Kasse bezweckte, seine Erweiterung derselben auch auf nicht Freizins
zahlende Liegenschaften (von denen der Stadt die beträchtlichen Hebungen des
Geschosses entzogen wurden, sobald sie in die todte Hand übergingen) ganz unmittelbar anschloß, als wenn dieselbe so vom Erzbischof geboten worden wäre,
wie sie allerdings principiell seiner Maßregel von 1270 sich außerordentlich
verwandt zeigte. — Die im Text erwähnten mindestens 8 Pfarrgeistlichen,
die sich der Appellation an den Papst anschlossen, waren die plebani s. Ser-
vatii, Thomae, Gothardi, Mauritii, die vicarii s. Laurentii, Viti, Bartho-
lomaei (nach Magd. Arch., Erf. Urk. a, VII, 9) und der rector ecclesiae s.
Matthiae (ib. b, XXVI, 2).

⁶⁰) Die Sühne=Urkunde des Landgrafen Dietrich des Jüngern mit Erfurt, die Michelsen bereits angezogen hat, die aber Wegele (L. c. p. 68, Anm.)
nicht in Magdeburg gefunden zu haben bekennt, liegt doch daselbst aufbewahrt
unter der Chiffre „Erf. Urk. a, XVII, 9."

⁶¹) Gemeint ist ohne Zweifel der Rathsherr von 1288 (vgl. oben Anm.
27). — Das Erfurter Stadtarchiv bewahrt noch die interessanten „Walper=
herrn=Bücher", in welche die Biereigen=Vormünder wie Ordensmitglieder
ihre Familienwappen, oft auch den Bierrufer ihres Viertels in der Tracht,
die sie ihm zur Zeit ihrer Amtsführung gegeben, einmalen ließen, außer einem
guten Spruch sonst aber nur Geschäftliches einschrieben. In das letzte dieser
Bücher hatte einer die Worte verzeichnet: „Den 21. August 1802 war der
sehr merkwürdige Tag, wo der König von Preußen durch seine Trouppen
Erfurt als sein völliges Eigenthum in Besitz nehmen ließ" ꝛc. Darunter
schrieb ein letzter solcher Biereige das echt erfurtische Mißfallensvotum: „Obige
Anmerkung ist für die lange Weile, denn sie hat keinen Bezug auf unsere Sache,
es sei denn, der König von Preußen hätte, wie er eingerückt wäre, das Bier
ausgerufen, wie einmal der Kaiser Rudolf."

²) Die betreffende Urkunde (Magd. Arch., Erf. Urk. a, XII, 2) ist jetzt auch von Wegele (l. c. p. 406 f.) gedruckt, wo man jedoch zu lesen hat in der 2. Zeile singulorum und dann prohibitores eciam talis reedificacionis ꝛc.

Für das Schlußkapitel muß ich aus äußerlichen Rücksichten die Anmerkungen zurückhalten. Ich erwähne nur, daß die einzige Quelle, die uns für das Leben Elgers von Hohnstein zu Gebot steht, die Legenda de sanctis patribus conventus Isenacensis ord. pred., die bekanntlich von Michelsen im 4. Band der Jenaer Zeitschrift für thür. Geschichte mitgetheilt wurde, auch fast ganz abgedruckt ist in Kochs Büchlein über den „Graf Elger von Hohnstein" (Gotha 1865), einer sonst ziemlich müßigen Paraphrase jener Quelle, und daß ich hinsichtlich der biographischen Momente betreffend den Meister Eckhart mich in völliger Uebereinstimmung mit Preger befinde (vgl. besonders dessen Vorarbeiten zu einer Geschichte der deutschen Mystik im 13. und 14. Jahrhundert in der jetzt Kahnis'schen Zeitschrift für historische Theologie, Jahrgang 1869 p. 49 ff.).

Seite 53 Zeile 11 zu bessern: Vierteling.
 " 70 " 11 "   " Plattstich.
 " 82 " 11 "   " Cilla.
 " 86 " 14 "   " spalteten.
 " 93 " 8 "   " die in der (statt: denen die).
 " 124 " 16 " " acht anderen.

www.ingramcontent.com/pod-product-compliance
Lightning Source LLC
Chambersburg PA
CBHW020308170426
43202CB00008B/541